LES QUATUORS À CORDES DE BEETHOVEN

JACQUES LONCHAMPT

Les Quatuors à cordes de Beethoven

Guide d'audition

FAYARD

Les citations musicales ont été établies
par Jean-Louis Sulmon.

Avertissement

Pénétrer les arcanes d'œuvres aussi riches et diverses, dans leur ingéniosité formelle et leur génie spirituel, que les *Quatuors* de Beethoven, est une des grandes joies que peut donner la musique. On croit trop souvent que les mélomanes qui ne possèdent que des notions techniques sommaires, doivent se contenter d'une écoute au fil de l'œuvre, purement sensible et « sentimentale », la connaissance du sens profond étant réservée aux initiés, munis de la partition.

Nous pensons au contraire que tout amoureux de musique peut avoir une attitude active, entrer dans les structures des œuvres, identifier les étapes du discours, suivre pas à pas la pensée musicale, prendre avec elle ce contact que la simple répétition d'une œuvre écoutée passivement ne suffit pas à assurer et qui est pourtant indispensable pour bénéficier pleinement des trésors du génie.

Ce « guide d'audition », expressément destiné aux amateurs, n'utilise qu'un minimum de termes techniques et n'apprendra rien aux professionnels. Nous avons privilégié les articulations formelles, aisément reconnaissables, et laissé de côté le plus souvent l'analyse harmonique, malgré son importance fondamentale, parce qu'elle implique le recours à la partition.

Les citations musicales ne devront pas rebuter le lecteur novice ; elles sont volontairement très simples, voire simplistes, et permettent une identification plus rapide des thèmes ou de certains développements ; à la limite, il est possible d'utiliser le texte sans en tenir compte.

Insistons sur le fait que ces analyses ne doivent pas être lues pour elles-mêmes, mais conjointement à *l'audition* des œuvres, au fur et à mesure de leur déroulement. Ainsi, pensons-nous, ces lignes grises deviennent vivantes, s'éclairent au souffle de la musique dont elles se veulent servantes, comme les sous-titres qui nous aident à pénétrer le sens d'un film étranger.

Prévenons quelques objections qui pourront être faites par des spécialistes. Ce livre ne prétend nullement à l'originalité sur le plan de l'histoire et de l'analyse ; sa démarche et sa visée sont pratiques.

Nous utilisons parfois un langage figuré, « parabolique », pour rendre compte de l'évolution formelle (par exemple, final du *12ᵉ Quatuor*, *Grande fugue*, *16ᵉ Quatuor*, etc.). Il faudra se garder de prendre au pied de la lettre ce style imagé, qui facilite cependant l'intelligence de la musique.

Certains s'étonneront sans doute d'une interprétation souvent très « existentielle » dans un temps où l'on considère davantage l'œuvre comme un produit de fabrication que comme une « confidence » de l'auteur. Ces analyses, dont la première version date de 1956[1], ont été marquées en effet par l'influence de Romain Rolland que nous ne songeons nullement à révoquer, personne n'ayant depuis exploité avec autant de richesse le monde intérieur beethovénien.

Un mot encore sur les petites citations ou indications en marge du texte : elles n'ont d'autre prétention que d'« illustrer » l'analyse en fournissant des points de repère rapides et des rappels utiles.

Disons enfin que notre propos est très différent de celui de Joseph Kerman, dont l'ouvrage magistral prend souvent une grande distance avec les œuvres, ne craignant pas de formuler des opinions esthétiques et des jugements. Nous nous en tenons ici à une écoute « naïve », au ras du texte, conforme à l'esprit de ce « Guide d'audition ».

Deux indications techniques pour terminer, sur le problème des *reprises* à l'intérieur des mouvements des quatuors. Les interprètes en usent souvent différemment et, selon qu'ils reprennent ou non tel passage, le lecteur peut s'égarer.

Rappelons simplement que l'exposition d'un mouvement de forme sonate (surtout l'allegro initial) peut presque toujours être reprise, et que le scherzo (ou le menuet) est toujours rejoué section par section, ainsi que son trio, avant le retour intégral du scherzo, cette fois sans reprise.

J.L.

1. Aux Cahiers du Journal Musical Français (SFDMA).

Le quatuor à cordes avant et après Beethoven

L'idée du quatuor, qui réunit les membres d'une même famille musicale de l'extrême aigu à l'extrême grave, satisfait sans aucun doute l'esprit, lui donne un sentiment de totalité et de plénitude. Le quatuor vocal en est le premier exemple. Mais très tôt l'application en est faite aux instruments à cordes ; dès la Renaissance, on trouve, d'abord en Allemagne et en Angleterre, des quatuors de violes *(consort of viols)* ou de violons, associant « dessus, haute-contre, taille ou ténor, et basse ».

« De nombreuses œuvres existent pour cette formation. Écrites dans le style du temps, elles établissent déjà ce qu'on a appelé par la suite un "esprit de quatuor", caractérisé par l'homogénéité du timbre, l'égalité entre les partenaires, leur dialogue constant[1]. »

Le quatuor à cordes sera toujours une formation privilégiée pour une musique savante, plus ou moins abstraite, en raison de sa pureté de lignes et de sa plasticité sonore, ouverte à une infinité d'expressions interdite à des familles aux timbres plus caractéristiques. Les quatuors de flûtes, de clarinettes, de cuivres ou de saxophones par exemple auront toujours une portée plus limitée. Et les quatuors ou plutôt quintettes à vent (flûte, hautbois, clarinette, basson, cor, etc.), plus nombreux, répondront à une autre esthétique plus colorée et pittoresque.

C'est vers 1760 (donc dix ans avant la naissance de Beethoven) que le quatuor à cordes devient un genre authentique, en adoptant le plan de la forme sonate et en s'appliquant de plus en plus à équilibrer les diverses parties. Les « pères » sont Luigi Boccherini qui compose

1. Sylvie Milliot, *Le Quatuor* (PUF, 1986).

cent dix quatuors (mais aussi cent quarante quintettes à cordes !) et surtout Josef Haydn qui en écrit soixante-seize. Les vingt-sept quatuors de Mozart marquent un autre jalon décisif, encore que ses quintettes soient d'une beauté au moins aussi profonde.

Le genre fait alors fureur. Selon Marc Pincherle, « en 1800, rien que chez les éditeurs parisiens, on pouvait dénombrer quelque cent cinquante recueils, de trois ou six quatuors chacun, parus en moins de cinquante ans ».

Mais avec Beethoven, le quatuor à cordes va prendre une tout autre stature, devenir un genre suprême, aboutissement d'un art et d'une vie, qui intimidera bien des compositeurs, craignant de se mesurer avec leur grand aîné. Ce sera du moins le cas en France pour Franck, Chausson, Fauré, Debussy, Ravel, Roussel, qui n'en composeront qu'un seul, et pour Dukas qui y renoncera.

Cette conception d'une forme aussi « magistrale » que la symphonie, que l'on n'aborde qu'avec crainte et tremblement, est cependant moins marquée dans la tradition germanique : si Schubert, du vivant de Beethoven, compose pour le quatuor au moins trois de ses chefs-d'œuvre, les six de Mendelssohn ne sont pas essentiels dans sa production, et les trois de Schumann jaillissent fugitivement en cinq semaines ; Brahms n'en écrit que trois également, d'une réelle beauté, mais environnés d'une dizaine d'œuvres de chambre pour d'autres formations qui ne leur cèdent en rien.

C'est en Tchécoslovaquie qu'à la fin du dix-neuvième siècle le genre suscite la plus grande ferveur avec les deux quatuors de Smetana (en particulier le premier, autobiographique) et surtout les quatorze de Dvorak, qui s'étendent sur toute sa vie et ne cessent de se concentrer pour recueillir l'essence de son âme débordante de musique. Plus tard, deux quatuors porteront également les confidences les plus intimes de Janacek.

Au vingtième siècle, les six quatuors de Bartok marquent un nouveau sommet, dans la tradition beethovénienne la plus pure, intervenant à chaque époque pour faire progresser l'évolution du style et de la pensée du compositeur : « Ce que Bartok doit à Beethoven, écrit Stéphane Goldet, est avant tout une certaine manière d'envisager le développement musical, où une forme n'est pas tant un cadre où s'installer confortablement, qu'un processus en mouvement que le matériau musical travaille sans relâche[1]. »

Nous y adjoindrons pour notre part, dans le registre autobiographique, les quinze quatuors où Dimitri Chostakovitch a tenu, à partir de 1938, en quelque sorte le journal intime d'un musicien officiel déchiré par l'impossibilité de s'exprimer à visage découvert ; les quatre derniers ont une profondeur humaine analogue à celle des derniers quatuors de Beethoven, bien que dans un tout autre esprit, de plus en plus sombre, jusqu'à la tragédie du néant.

En ce même vingtième siècle, la *Suite lyrique* de Berg, les quatuors d'Honegger (trois), Schoenberg et Zemlinsky (quatre), Hindemith (six), Martinu (sept), Villa-Lobos (dix-sept), Milhaud (dix-huit), entre beaucoup d'autres, attestent aussi la vitalité du genre, même s'il apparaît de moins en moins comme « un tabou, censé exprimer les plus nobles et les plus profondes aspirations du musicien », écrit Pierre Boulez.

« Mais, poursuit ce dernier, il reste certainement l'outil d'une ascèse ; je ne dis pas austérité, car le quatuor est riche de potentiel sonore. Toutefois, il demande au compositeur qui s'y consacre discipline et exigence, il met à vif les faiblesses de pensée comme de réalisation, il magnifie l'invention en même temps qu'il l'épure. Bref, le quatuor à cordes reste une *épreuve*, au sens initiatique du terme[2]. »

De Webern à Ferneyhough, en passant par Boulez lui-même, Carter, Lutoslawski, Dutilleux, Xenakis, Ligeti, Nono, Boucourechliev, Jolas, Penderecki, les exemples de cette lignée abondent, confirmant la souveraineté d'une formation, pour les raisons qui l'avaient déjà fait élire à ses débuts par Haydn ou Boccherini, avant qu'elle fût portée à son sommet par Beethoven.

1. Stéphane Goldet, *Quatuors du vingtième siècle* (IRCAM/Papiers, 1986).
2. Préface à l'ouvrage de Stéphane Goldet.

Les six premiers Quatuors à cordes

op. 18

PLACE DANS LA VIE DE BEETHOVEN

La composition des six premiers *Quatuors à cordes* de Beethoven s'échelonne entre 1798 et 1800. Le musicien atteint la trentaine et réussit **1798-1800** fort bien à Vienne dont il est le pianiste favori. Toutefois, la surdité, dont il éprouvait en 1796 les premières atteintes, s'accentue en 1798 et peut-être est-ce la raison de sa semi-retraite en 1799 où il ne joue guère en concert.

De nombreuses amitiés féminines traversent ces années, de son élève Barbara von Keglevics à Giulietta Guicciardi, qui apparaît durant l'été 1800, peu après les sœurs Brunswick (mai 1799), et c'est en 1798 qu'il fait la connaissance du jeune pasteur Amenda, qui restera, par-delà la distance, un de ses amis les plus chers, et à qui il dédie la première version du *Quatuor en fa majeur*, op. 18, nº 1.

PLACE DANS L'ŒUVRE DE BEETHOVEN

Ses grands succès de virtuose ne poussaient pas Beethoven à écrire pour les cordes seules. Il préférait composer des œuvres pour piano ou, du moins, faisant intervenir le piano (*Trois trios piano et cordes*, op. 1, en 1793-94, *Deux sonates piano violoncelle*, op. 5, en 1796, *Quintette piano et vents*, op. 16, en 1796, *Quatrième trio pour piano et cordes* et *Trois sonates piano et violon* en 1798, etc.) ; il aimait aussi les formations instrumentales baroques *(Sextuor pour vents ; Sérénade pour flûte, alto et violon ; Septuor pour violon, alto, violoncelle, contrebasse, clarinette, cor et basson)*.

Il écrit pourtant à cette époque des duos, trios et quintettes pour cordes, et il semble bien, au témoignage de Wegeler, que ce soit l'écriture particulière du quatuor qui lui ait donné du mal : « En 1795, le comte Apponyi chargea Beethoven de composer un quatuor moyennant des honoraires fixés ; il n'en avait encore fait paraître aucun. Le comte déclara qu'il ne voulait pas avoir ce quatuor pour lui tout seul six mois avant sa publication, qu'il n'exigeait pas qu'il lui fût dédié, etc. D'après de nombreux souvenirs que j'ai conservés de ce fait, Beethoven se mit deux fois à l'œuvre pour remplir cette commande ; mais il sortit du premier essai un grand trio pour instruments à cordes (op. 3) et du second un quintette pour instruments à cordes (op. 4). »

Difficultés du quatuor

C'est chez son protecteur et ami le Prince Lichnowsky que Beethoven se familiarisa peu à peu avec le quatuor et se lia avec le jeune Ignaz Schuppanzigh, l'un des partenaires du prince, qui devait par la suite constituer le premier quatuor professionnel et donner en première audition tous les quatuors de Beethoven. Chez Lichnowsky, on jouait tout le répertoire contemporain, en particulier les quatuors de Haydn et de Mozart.

Lichnowsky et Schuppanzigh

En ces années où sa personnalité s'affirme (la *Sonate Pathétique* est de 1798, la *Première sympho-*

nie, la *Sonate du Printemps*, le *Troisième concerto pour piano* de 1800), Beethoven s'attaque donc au quatuor et travaille à ces six œuvres avec un acharnement dont témoignent les très nombreuses esquisses et d'importants remaniements. En 1822, il devait dire au flûtiste Drouet : « *Ils n'ont pas été imprimés comme je les ai écrits d'abord ; quand j'ai revu mes premiers manuscrits, quelques années après, je me suis demandé si je n'étais pas fou pour avoir mis en un seul morceau ce qui suffisait pour en composer vingt ; j'ai brûlé ces manuscrits, afin qu'on ne les voie jamais.* »

Esquisses et remaniements

Les six quatuors, qui furent dédiés au Prince Lobkowitz, autre admirateur de Beethoven, ne furent pas composés dans l'ordre de publication ; l'ordre chronologique est le suivant : *ré majeur (n° 3), fa majeur (n° 1), sol majeur (n° 2), la majeur (n° 5), si bémol majeur (n° 6), ut mineur (n° 4)*. On ne s'étonnera pas de ce bouleversement, accompli sur le conseil de Schuppanzigh, les *Quatuors n° 1* et *n° 6* étant sans doute les plus frappants.

Les premiers quatuors de Beethoven furent accueillis avec enthousiasme, bien que Haydn n'y ait guère découvert d'originalité. Pour sa part, le Prince Lichnowsky, enchanté, fit don au musicien de quatre magnifiques instruments de quatuor dus aux plus grands luthiers, et lui constitua une rente annuelle de 600 florins.

Premier quatuor en fa majeur op. 18 n° 1

C'est le quatuor primitivement dédié à Amenda. Beethoven le remania considérablement, en particulier le premier mouvement.

1er mouvement : Allegro con brio.

A la recherche d'un thème

— L'*allegro* est fondé sur un motif bref et énergique de deux mesures, déjà très beethovénien, qui sera abondamment répété et varié avec une étonnante virtuosité d'écriture. « D'après les cahiers d'esquisses, ce thème devait passer par bien des changements avant de trouver sa forme définitive. Cinq grandes pages d'un des cahiers de 1798-99, onze pages d'un autre lui sont entièrement consacrées, et en 1800, lorsque Beethoven remaniera son quatuor, c'est un des thèmes qu'il remettra sur le métier. Assez long, d'abord, et sans rythme bien défini, on le voit peu à peu se contracter, atteindre une extrême concision. » (Joseph de Marliave)

Ce thème est d'abord exposé et répété à l'unisson et tombe dans le silence, puis le premier violon le reprend et ébauche un développement plein de douceur, qu'il achève en montant par degrés après une reprise à l'unisson. C'est maintenant un court dialogue, où les deux violons se renvoient le thème sur un ton un peu élégiaque, et voici le second thème, alerte et pimpant, d'ailleurs tiré du premier qui retentit pendant ce temps au violoncelle. On reste en famille...

Après quelques gracieuses réponses de l'alto au premier violon, celui-ci enchaîne vivement avec le violoncelle une rapide ritournelle ascendante en notes piquées ; celle-ci s'attarde en une guirlande légère en notes répétées par deux, un moment développée polyphoniquement. L'exposition n'est pas finie : le premier thème reparaît (en imitation du violon au violoncelle), ramène la ritournelle et la guirlande... un silence... quelques accords *sforzando* (presque tragiques, à la mode schubertienne)... Finira-t-il ? Mais voici à nouveau le second thème, doucement balancé, et la rapide ritournelle, cette fois renversée, descendante.

Cette ritournelle fougueuse lance le développement qui se fait sur le thème initial ; ce n'est pas là le badinage que certains commentateurs ont vu, mais un travail serré et âpre, où la rudesse du motif tient toute sa promesse par le jeu des modulations abruptes ; puis le thème se fait mystérieux dans ces dessins en cascades, mineurs et majeurs (aux deux violons alternés) qui tombent sur les fiévreuses notes répétées de l'accompagnement, avant que la ritournelle tourbillonnante en mouvements contraires (descendant et montant) vienne parachever ce développement d'une singulière alacrité.

Un travail serré

La réexposition suit à peu de chose près l'entrée, mais une *coda* assez développée présente encore le thème sous un nouvel aspect, sautillant, souriant, puis s'enfuit discrètement.

2e mouvement : Adagio affettuoso ed appassionato.

« Roméo et Juliette »

— A propos de ce mouvement, Amenda a raconté que Beethoven lui ayant demandé ce qu'il avait voulu exprimer, il dit : « La séparation de deux amants » et que Beethoven répondit : *C'est bien ! Je me suis représenté la scène du tombeau dans « Roméo et Juliette ».* Cet *adagio* est en forme de sonate à deux thèmes.

Sur un accompagnement lancinant, par groupes de trois notes répétées, le premier violon chante une longue phrase, douloureuse, parfois tressaillante, qui ne s'achève pas, suivie d'un trait descendant qui par deux fois s'interrompt, découragé. Après un bref élément plaintif, le premier thème reprend plus intense encore au violoncelle, puis en échos aux premier et second violons. Une lente arabesque solitaire qui passe d'un instrument à l'autre, adoucie par un dessin ascendant du second violon, fait la transition avec le second thème.

Celui-ci reprend le dessin *textuel* de la « danse allemande » qui servait de second thème à l'*allegro vivace* de la *Symphonie Iéna* (ce qui aurait encouragé l'hypothèse de l'attribution de cette symphonie à Beethoven si celle-ci n'était maintenant abandonnée), dans un tout autre mouvement certes, mais qui garde un caractère de danse tendre et consolatrice, et se prolonge en une guirlande de doubles croches largement développée, achevée par un cantique très pur, comme une berceuse de la douleur.

Après un silence, le développement commence sur un dessin issu de la guirlande en doubles croches, qui cède vite la place au premier thème *forte*. Admirable développement, où la phrase douloureuse atteint à une splendide véhémence sur de tragiques dessins en triples croches.

Puis la plainte s'estompe dans le lointain, reprend un instant et se perd sur quatre accords *(f, p, pp, ppp)* isolés par de longs silences.

Et c'est la réexposition. Mais, comme souvent chez Beethoven dans les pages baignées d'émotion, le développement a laissé des traces. Dans l'accompagnement lancinant subsiste comme une houle au **Houle** début et, lorsque la voix se déploie, reparaissent les dessins tragiques en triples croches. On retrouve ensuite les mêmes phrases que précédemment (à l'exception de la reprise du premier thème et de l'arabesque solitaire). Mais ce grand *adagio* s'allonge encore d'une splendide *coda*, concentrant toute l'émotion dramatique du développement avec de pathétiques trémolos, de puissants dessins ascendants, les traits en triples croches. Après un dernier trémolo qui s'arrache sur un accord de septième, le drame se dissout sur des arabesques du premier violon.

3ᵉ mouvement : Scherzo. Allegro molto.

Scherzo plein d'élan, sur un motif qui s'élève léger et gracieux jusqu'à une conclusion en trilles. Il est fait de deux parties, chacune répétée.

Le *trio* débute sur des appels rustiques à l'octave, suivis d'une longue arabesque du premier violon. Également deux parties répétées, sur les mêmes éléments, puis le *scherzo* reprend.

4e mouvement : Allegro.

Cet *allegro* est en forme « rondo-sonate ».

Le *refrain* est un dessin en triolets qui s'arrête sur trois notes piquées ; il tournoie d'abord aimablement au premier violon, passe à l'alto, revient au violon et conclut.

Le *premier couplet*, beaucoup plus développé, enchaîne plusieurs motifs : tout d'abord un dialogue mélodieux

coupé par une phrase énergique (ascendante et descendante à l'unisson) qui le trouble à peine, puis c'est une chanson primesautière et vive en imitations aux deux violons

enfin une longue guirlande (toujours aux deux violons) achevée par des appels et une douce, puis vibrante ritournelle.

Le *refrain* reparaît, d'abord pareil à lui-même, mais vers la fin, des imitations annoncent le « développement » de ce rondo-sonate.

Le *second couplet*, qui fait office de développement, est la plus belle partie du *finale* ; il repose sur deux éléments : un *fugato* plein d'allant, fondé d'ailleurs sur des éléments du refrain, et une mélodie douce et charmante, précédée et suivie d'une série de battements en notes répétées — éléments qui alternent par deux fois, avant que ce développement ne s'achève par une ritournelle brillante sur le thème du *refrain*.

Fugato

Celui-ci rentre sous sa forme initiale et c'est la réexposition, identique, avec retour du *premier couplet* et de ses diverses phases.

Encore une fois le *refrain* reparaît (mais en *si bémol* au lieu de *fa*), entraînant dans sa course une *coda* échevelée avec un *fugato* qui rappelle celui du *second couplet*.

Deuxième quatuor en sol majeur op. 18 n° 2

On l'appelait, en Autriche, le « Complimenterquartett », le Quatuor des « compliments » ou des « révérences ». Les esquisses montrent qu'il fut conçu en même temps que le *Septuor*, en 1799.

Le Quatuor des « révérences »

1er mouvement : Allegro.

Le premier sujet est fait de trois motifs séparés par de courts silences : d'abord une légère volute dessinée par le violon, puis trois petits sauts, enfin une chanson pleine de grâce. Les voilà bien les « compliments » ou les « révérences » !

Les deux premiers reviennent trois fois, puis cèdent la place à un motif de transition, qui fait songer à une figure de danse courtoise (*forte* et *piano*), achevé par un rapide arpège du violon.

Alors vient le second thème (où un commentateur voit on ne sait pourquoi « le maître de céans, l'hôte étrange aux yeux passionnés »), qui n'est pas moins galant et aimable.

Il sautille en notes piquées, se répète un peu lourdement, tandis que s'en échappent au premier violon de malicieux traits ascendants ; dans sa seconde partie, on fait assaut de politesse. Une légère et rapide ritournelle achève l'exposition, ramenant à la fin le troisième motif du premier sujet, la chanson pleine de bonne grâce, à peine entr'aperçue d'abord.

C'est elle aussi, en mineur, qui ouvre le développement, cède la place au motif de transition (la figure de danse), annonçant bientôt le premier sujet, puis un mystérieux petit *fugato* sur un motif chromatique, accompagné par les rythmes culbutants du premier sujet. Mais la figure de danse reprend vite ses droits. Et c'est la réexposition.

Celle-ci est agrémentée de fioritures, d'imitations et fait cette fois la part belle à la chanson gracieuse (3e motif) qui a droit à un petit développement. On retrouve second thème et ritournelle, puis une *coda* sur le premier sujet.

2e mouvement : *Adagio cantabile — Allegro — Adagio.*

Adagio en forme lied à trois parties, mais la seconde est, de façon inattendue, un *allegro* joyeux et plein de vélocité, qui contraste avec la gravité un peu pompeuse du cantique initial et terminal, trop orné à notre goût.

« Le vieux prédicateur... »

Notre commentateur de tout à l'heure, Th. Helm, poursuit à ce propos : « On croit voir dans l'*allegro* une troupe de joyeux compagnons qui combinent entre eux quelque mauvais coup contre le vieux prédicateur, le sage moraliste qu'ils ont eu d'abord la patience d'écouter »...

« ... et les joyeux compagnons »

3e mouvement : *Scherzo. Allegro.*

Ce *scherzo* sautillant, à la manière de Haydn, a du caractère et de l'entrain, avec cette allure têtue de maints thèmes beethovéniens abondamment répétés.

Le *trio*, sur un thème assez rudimentaire, donne lieu à un joli développement trillé dans sa seconde partie. On notera son amusante conclusion en légers appels de clairon sur le thème du *scherzo* qui reprend ensuite.

4e mouvement : *Allegro molto quasi presto.*

— Beethoven trouvait ce mouvement « déboutonné » et Th. Helm pensait que les invités avaient « bu un doigt de champagne ».

Un mouvement « déboutonné »

Le premier thème, une chanson comique pour « commedia dell'arte », est annoncé discrètement par le violoncelle, repris en chœur non moins discrètement, puis clamé par les violons. Après une série de culbutes, le violoncelle reprend son bien malgré les cris d'effroi du violon. Le second thème, plus charmant, rapide, a un caractère de sérénade mozartienne.

Violons et alto y échangent sans cesse chant et accompagnement ; on croit qu'il va conclure, mais un élément mystérieux intervient, trois notes étagées en imitations, et amène un nouveau motif qui, un instant, chante avec calme — avant d'être balayé par la ritournelle « déboutonnée », où l'on reconnaît les trois notes initiales.

Le développement se fait naturellement sur le premier thème d'abord assez sage, puis à nouveau absolument endiablé, avec, par moments, d'impressionnants « râclements » de basses et, en conclusion, de nouvelles imitations mystérieuses.

La réexposition se déroule sans grands changements.

Troisième quatuor en ré majeur op. 18 nº 3

C'est le premier écrit des six « quatuors Lobkowitz », et il était sans doute achevé avant la fin de 1798.

1er mouvement : Allegro.

Le motif initial du premier sujet débute de façon inattendue sur la dominante (*la* au lieu de *ré*), ce qui lui donne un air un peu étrange et rêveur, avec ses deux notes en valeurs longues qui se fondent ensuite en une phrase douce et mélodieuse. Entrée sereine au premier violon, avec les réponses de l'alto et du second violon, puis la phrase se déploie sur un accompagnement un peu plus fourni et, après un silence, énonce un second motif capricieux, en triolets de plus en plus tournoyants, qui anime le quatuor. Sur un dessin obstiné de la basse en *staccato*, trois notes se balancent avec enjouement ; le violon reprend le dessin de basse qui s'adoucit, *legato*, dans le climat initial, et amène le second thème

Rêve

un chœur d'une très belle polyphonie qui, peu à peu, s'exalte, puis s'apaise en une ritournelle mélodieuse, avec, pour finir, de charmants traits par mouvements contraires.

Quatre accords majestueux ouvrent le développement ; le premier motif reparaît dans toute sa grandeur, puis vient le motif capricieux, avec ses triolets par mouvements contraires, mais vite il cède la place à un magnifique développement, où les notes initiales en valeurs longues planent sur la trame serrée que tissent le motif tournoyant en triolets et un long trait mélodique au second violon, pour aboutir à de véhéments trémolos.

C'est alors la réexposition où, après ces lueurs éclatantes, le premier motif au second violon semble renaître des profondeurs et ramène la sérénité ; il s'étend un peu plus longuement, puis l'on saute les deux autres motifs du premier sujet (largement utilisés dans le développement), et le motif de transition, avec ses groupes de trois notes enjouées, nous conduit au second thème, dans toute son ampleur, avec la ritournelle.

La *coda* étend les nappes lumineuses du premier motif avec un rappel du très beau second thème.

2ᵉ mouvement : Andante con moto.

Lied à compartiments

— C'est un grand « lied à compartiments », d'une forme un peu incertaine. Cinq fois le thème du lied revient avec des développements divers.

Le second violon chante une sorte de long cantique, accompagné polyphoniquement, qu'à la cinquième mesure le premier violon reprend en canon. A peine est-il revenu sur la tonique *(si bémol)* qu'il élabore un petit « couplet » sur une gamme montante, puis descendant en cascade, imité ensuite par les basses

qui se développe sur des pointes d'aiguille aux deux violons, avec ensuite un dialogue de doubles croches entrecoupées, et pour finir une grave et pompeuse conclusion.

On réentend alors le cantique, légèrement varié,

très resserré, qui s'achève par des gammes descendantes.

Pour la troisième fois, voici le cantique, sous sa forme initiale, avec variation du petit couplet (gammes montantes et descendantes). Le cantique apparaît encore, cette fois renversé, et c'est ensuite un développement avec le retour du « couplet » et de sa pompeuse conclusion. On n'a rien perdu en route...

Quatrième cantique (sans canon), sur un accompagnement plus dense, avec, à deux reprises, des groupes de trémolos en sextolets, qui mettent un peu d'animation.

Cinquième cantique, au violoncelle. L'*andante* s'éteint sur quelques notes étouffées qui s'égrènent lentement.

3e mouvement : Allegro.

Confidence

D'un mouvement alerte, ce *scherzo* garde cependant un ton de confidence, quelque chose d'intime comme une chanson un peu insistante, un souvenir.

Le *trio* en mineur n'est pas moins charmant avec son affectueuse guirlande.

A la reprise du *scherzo*, Beethoven modifie légèrement sa présentation, l'allongeant d'un fragment à l'octave supérieure (première partie et début de la seconde).

4e mouvement : Presto.

— Beethoven achève son *Troisième quatuor* par un *finale* en forme sonate, qui est une véritable tarentelle échevelée du plus heureux effet.

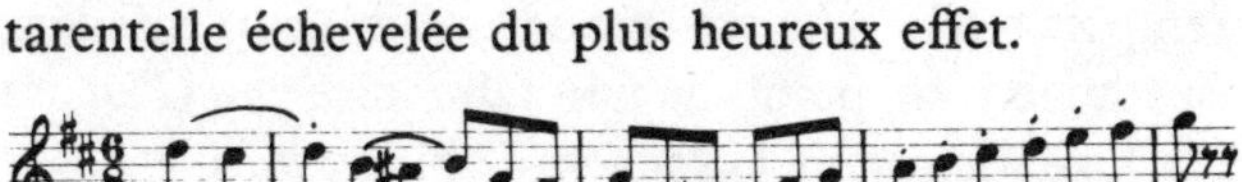

Il part sur un thème gambadant en tous sens aux

deux violons, se répercutant aux basses, et se poursuit en une course joyeuse, sur un motif où les notes répétées s'entrechoquent. De pétulants appels, puis une transition tour à tour mystérieuse et enthousiaste mènent au second thème, une tarentelle italienne, sans cesse rehaussée de fougueux accents, avec pour finir le premier motif inversé.

Tarentelle

Le développement commence sur les trois premières notes de celui-ci que les instruments se renvoient comme une balle, puis il se déploie, soutenu par de vibrants appels de quartes (*sol — do — ré — sol*, se répondant d'une partie à l'autre), et, plus tard, à la basse, par le rythme de tarentelle du second thème qui finit par tout envahir et demeure maître du terrain avant la réexposition.

Celle-ci passe par les mêmes phases que précédemment, tandis que la *coda* ramène une nouvelle fois le triomphant premier thème.

Quatrième quatuor en ut mineur op. 18 n° 4

C'est le dernier des six, composé sans doute d'un seul jet, car il n'en existe aucune esquisse. Il remporta très vite un grand succès qui exaspéra Beethoven au point de lui faire dire : « *C'est de l'ordure. Bon pour le cochon de public !...* »

1er mouvement : Allegro ma non tanto.

— Le thème qui monte du premier violon, tressaille, sans cesse se redresse sur les batteries en notes répétées du violoncelle, nous plonge d'emblée dans cette atmosphère de drame que faisait pressentir la tonalité d'*ut mineur*, et c'est très justement que Joseph de Marliave évoque ici le *Quintette en sol mineur* de Mozart, avec lequel la parenté est frappante à diverses reprises au cours du mouvement. Il s'agit bien là, en effet, d'une de ces pages qui, selon l'expression d'Henri Ghéon, « unissent en elles deux éléments absolument contraires : l'allégresse du rythme, le tragique de la couleur ». On a voulu y voir un écho du drame de la surdité naissante, tel qu'il s'exprime dans les deux célèbres lettres de 1801 à Amenda et à Wegeler.

Où l'on songe au Quintette en sol mineur de Mozart

Cet admirable sujet est en deux éléments étroitement liés, le premier dont on dirait qu'il s'arrache de l'âme, tressaillant de cette émotion qui l'a fait naître, avec ses rapides *gruppetti* et ses soudains *sforzando*, le second qui sans cesse se redresse, d'un bond de sixte, de quinte ou de septième, et retombe, pour aboutir enfin à l'octave qui marque comme le triomphe de l'énergie, tout cela sur ces batteries obsédantes, trébuchantes, de violoncelle qui rappellent si nettement Mozart. Quatre mesures d'accords (en doubles et triples cordes) entrechoqués, spécifiquement beethovéniens ; le second élément atteint une seconde fois l'octave *fortissimo*, puis la tension décroît avec une phrase descendante, tendre, toujours sur les batteries du quatuor, et le premier sujet s'achève sur un nouvel accord énergique. Après un silence, un motif de transition, sur un rythme allant, mène au second sujet.

Celui-ci, présenté par le second violon, est d'un dessin très proche du second élément du premier sujet (sauts de sixte, de septième, d'octave), mais, en majeur, il en est comme la réponse apaisée, impression que renforce l'accompagnement débonnaire de l'alto et le contrechant aérien du premier violon. Celui-ci reprend le thème à l'unisson avec l'alto, sur un contrepoint du second violon, et dans la pureté du chant l'angoisse semble dissoute. Une guirlande du violon introduit le motif de conclusion que sa coupe simple et sa démarche franche apparentent au motif de transition entre les deux sujets. La fin de l'exposition amène une reprise de l'ensemble que la force expressive de l'œuvre semble bien exiger.

Le développement s'engage sur le premier sujet, chanté par le premier violon dans l'aigu ; montant toujours, il prend bientôt, dans le dialogue du violoncelle et du violon, un caractère crispé et déchirant accentué par l'âpreté des modulations ; il se poursuit en imitations serrées et enfin bute sur les grands accords entrechoqués. Le violoncelle chante alors le second sujet dans son plus haut registre, mais sa sérénité est bientôt voilée par son passage en mineur au premier violon, et il s'estompe définitivement dans un épisode mystérieux, où les trémolos du second violon et de l'alto accompagnent un dessin *staccato* du violoncelle et un trait haché du premier violon amenant la réexposition.

Dans celle-ci, le premier sujet est plus chargé en

contre-chants d'accompagnement (avec de dramatiques *sforzando* sur les temps faibles). Puis, les accords entrechoqués se prolongent. L'épisode de transition est supprimé. Le second sujet reste pareil à lui-même, ainsi que la conclusion. Mais le mouvement s'achève dans une véhémente *coda* sur le premier thème et l'épisode de transition (supprimé au début de la réexposition).

« Coriolan »

— Cet *allegro* est déjà du pur Beethoven, malgré la parenté mozartienne, et l'on est en droit d'évoquer, avec Romain Rolland et Marliave, « le style tragique de *Coriolan* », cet art expressif, d'une force frappante, où la musique même impose l'image de gestes pathétiques (le premier sujet en particulier).

2e mouvement : Andante scherzoso quasi Allegretto.

Au temps de la galanterie

— Cet *andante* léger, presque tout en notes piquées, qui nous ramène au temps de la galanterie, est construit en forme sonate à deux thèmes et fait un usage presque constant du *fugato*.

Le second violon entre d'abord, puis l'alto, le premier violon, enfin le violoncelle ; le dialogue est d'une extrême netteté, en raison de la configuration du thème : trois croches sur la même note, deux croches et une double croche à la quarte, gamme descendante, dessin en petits arpèges brisés, etc., éléments très caractéristiques favorisant l'entrée et l'harmonie des voix. Parfois, un accent plus sensible anime un peu le discours et le *fugato* s'estompe pour laisser chanter le violon. Le second sujet, également en *fugato*, est dérivé du premier, de même que la ritournelle.

Il n'y a rien à signaler de particulier dans le développement, sinon une belle série d'accords modulants (toujours en notes répétées par groupes de trois). Dans la réexposition on notera, à l'alto, l'entrée d'un contre-sujet du premier thème.

3e mouvement : Menuetto. Allegretto.

Menuet héroïque

Le *menuet* a beaucoup d'élan et de force intime. Il jaillit en mineur, avec quelque chose de l'intensité de l'*allegro* initial, appuyé en de vibrants *sforzando* sur le temps faible. Après la reprise de la première partie, il s'éclaire un instant, en majeur, sans rien perdre de son allure héroïque, puis revient en mineur.

Le *trio* est détendu et d'un ton exquis ; sur les hachures de triolets du premier violon, les trois autres instruments dialoguent un motif souple et insouciant. Le violon conclut chaque période.

Beethoven indique que le *menuet* doit être repris plus vite la seconde fois, ce qui lui donne une allure impétueuse et dramatique.

4e mouvement : Allegro.

Furia beethovénienne

C'est un *rondo* sur un refrain dont la coupe fait songer à une chanson, mais il est rempli d'une énergie indomptable avec son dessin en lignes brisées et son *crescendo* final en notes piquées qui lui donne un air péremptoire. Thème en deux parties, chacune répétée.

Le *premier couplet*, au contraire, est d'une harmonieuse sérénité.

Retour du *refrain*, plus fougueux et vibrant que jamais, qui donne son élan au *second couplet* en majeur avec des groupes rageurs en triolets de doubles croches et des dessins en cascades.

Nouveau *refrain*, suivi d'un épisode particulier, où des formules de trois notes (issues du deuxième couplet) brochent sur les larges arpèges du premier violon.

On retrouve alors le *premier couplet*, qui s'anime bientôt sous l'impulsion d'un vif accompagnement en notes piquées du second violon. Le *refrain* est ensuite dialogué en majeur et en mineur par les violons. Après une courte pause dans la *coda*, le refrain revient une dernière fois *prestissimo*, conclusion pleine d'une irrésistible *furia*.

Cinquième quatuor en la majeur op. 18 n° 5

Cette œuvre fut composée en 1799, en même temps que le *Deuxième quatuor* et le *Septuor*.

1er mouvement : Allegro.

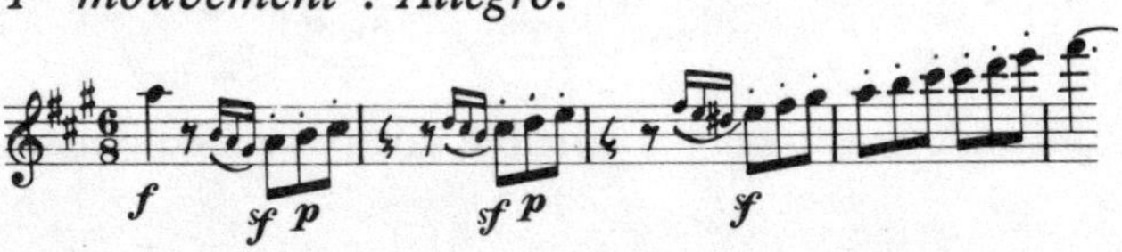

A cloche-pied

Le premier thème part à cloche-pied au premier violon, puis se change en une petite chanson insouciante et désinvolte, agrémentée ensuite de roulades. Vient un épisode de transition, qui se balance soit à l'unisson, soit par mouvements contraires, épisode en mineur, mais nullement dramatique, dont le rythme préfigure le second thème.

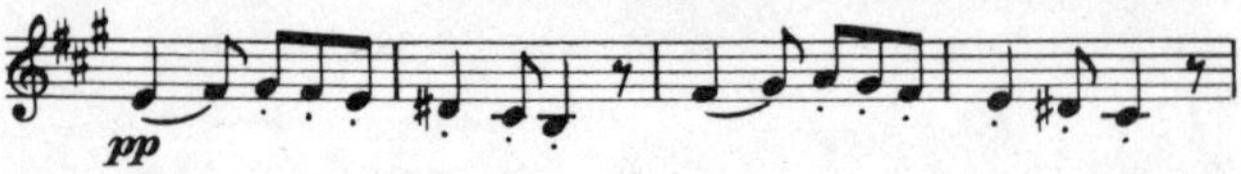

Celui-ci est une autre chanson naïve, qui se balance en imitations et s'achemine vers une ritournelle terminée par une guirlande de doubles croches confiée au premier violon. Cette exposition est en général reprise.

Le développement rappelle d'abord l'élément rythmique qui précédait cette guirlande,

puis diversifie le premier thème avec de beaux épisodes chantants.

La réexposition subit peu de changements. Une *coda* de sept mesures utilise le thème initial.

2e mouvement : Menuetto.

Menuet d'une allure toute traditionnelle, mais d'un accent intime et d'une poésie délicieuse. On remarquera, en particulier, la belle reprise du thème à l'alto, puis dans la seconde partie, un fragment de six mesures d'un ton sombre et concentré,

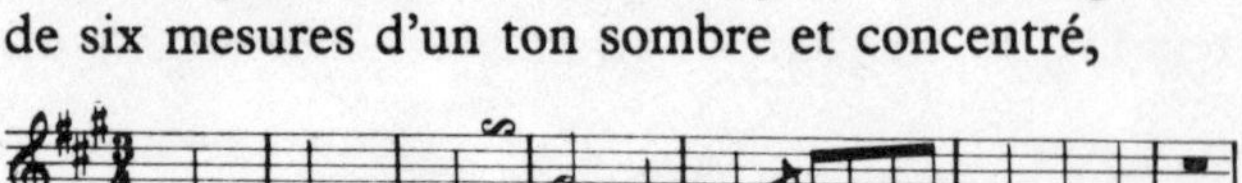

qui surprend dans cet aimable divertissement, enfin

la dernière exposition en canon (alto, second violon, premier violon).

Le *trio* est un laendler volontairement lourd et rustique (avec ses *sforzando* sur le troisième temps) du plus heureux effet,

la seconde partie étant naturellement suave et mélodieuse.

Le *menuet* est ensuite repris.

3e mouvement : Andante cantabile.

— C'est un *andante varié.* Le thème et les cinq variations comportent chacun deux parties, toujours reprises.

Première partie

Deuxième partie

La cinquième variation bénéficie d'un troisième volet, non repris, avec une lente *coda* terminale.

On ne s'étonne pas que, sur une esquisse de ce thème très calme, montant et descendant sur un accompagnement de notes tenues, Beethoven ait noté « Pastorale ». **Pastorale**

La *première variation* en imitations, sur un motif en doubles croches piquées, est d'un ton tout différent ; le violoncelle semble y tenir un discours d'une ferme et précise dialectique...

Dans la *deuxième variation*, le violon dessine une arabesque d'arpèges et de gammes en triolets.

Dans la *troisième variation*, une large mélodie chante sur les bruissements des violons qui annoncent certains « murmures de la forêt ».

Murmures de la forêt

Le thème revient à son dépouillement initial avec la *quatrième variation*, mais, du fait de la polyphonie, son caractère a changé et s'est intériorisé.

Quel contraste avec la *cinquième variation*, toutes voiles dehors, où Beethoven semble avoir emprunté les flons-flons de quelque fête foraine sur le Prater !

Fête foraine sur le Prater

Le violon lance des trilles joyeux, le violoncelle râcle de vibrants accompagnements, tandis que ronflent second violon et alto. (On songe à l'humoristique *cinquième variation* du *Quintette « La Truite »* de Schubert.) Dans la dernière partie, les échos de la fête s'estompent peu à peu et dans la *coda* règne la sérénité initiale.

4e mouvement : Allegro.

Après ce long *andante*, il fallait un *finale* rapide, pour lequel Beethoven a choisi un thème simple et vif, crépitant, montant et descendant sans cesse, qui « se prête à merveille à l'échange alerte de demandes et de réponses qui constituait primitivement le style quatuor » (Marliave), et qui se répand, dès le début, en un feu roulant d'imitations, notamment sur les quatre premières notes. A l'opposé, le second thème est un grave choral (rappelant le second thème du final de la *Sonate Pathétique*)

Un feu roulant

qui se déploie en une large polyphonie, sur laquelle plane le thème en « cantus firmus », et qui peu à peu s'anime. Une ritournelle en arpèges brisés, qu'échangent les violons et l'alto, achève l'exposition, qui est en général reprise.

Le développement se fait d'abord sur le premier thème, plus exubérant que jamais ; mais, soudain, voici le visage grave du second thème. Qu'à cela ne tienne : le premier thème poursuit sa route aux violons, tandis que le violoncelle reprend la basse continue qui accompagnait le *cantus firmus*, mais *staccato* avec un air aimable et vaguement irrespectueux, et l'ensemble donne un très pur développement contrapuntique qui va jusqu'à la réexposition, annoncée par les accords du choral.

Peu de changements dans cette réexposition, achevée par une belle *coda* sur le premier thème dont les quatre notes, sans cesse reprises, semblent redire « un chant d'adieu » (Marliave).

Sixième quatuor en si bémol op. 18 n° 6

1er mouvement : Allegro con brio.

Le premier sujet est une des plus ravissantes

inspirations de Beethoven, à mi-chemin entre un air de Mozart et un lied de Schubert, entre *La Flûte enchantée* et *La Belle Meunière*. C'est un chant d'oiseau, qui débute sur un joyeux *gruppetto* et grimpe allégrement en lignes brisées ; le violon et le violoncelle se le renvoient par-dessus l'accompagnement robuste et rustique des cordes intermédiaires. Rien n'est plus gai et plus charmant. On reprend, et ce sont les violons qui dialoguent ensemble, puis vite on passe à un motif de transition, sur une gamme ascendante suivie de notes répétées et d'une petite ritournelle, et l'on en vient au second thème.

Entre Mozart et Schubert

Celui-ci, discrètement chuchoté, a néanmoins, avec sa démarche entrecoupée (parallèle aux divers instruments) et ses légers bonds, un caractère un peu héroïque, ou du moins d'une fière détermination. Une ritournelle en arpèges ramène le premier thème en échos. L'exposition est ensuite reprise.

Ces échos vont occuper le début du développement, mais ils cèdent ensuite la place à un *fugato* sur le motif de liaison entre les deux thèmes (gamme ascendante et notes répétées) ; le premier thème, cependant, revient pour la conclusion, très poétique, du développement.

Et c'est la réexposition ; le début est identique, mais le *gruppetto* initial, fortement répété par l'alto, donne plus de verve à ce passage, et une nouvelle chanson très brève, mais ravissante, s'interpose avant le motif de transition. La suite garde le plan primitif, et il n'y a pas de nouvelle *coda*, le premier thème étant déjà rappelé à la fin de l'exposition.

2e mouvement : Adagio ma non troppo.

— C'est un *adagio* de forme lied, en trois parties (A — B — A), où Beethoven joue avec application des éléments thématiques qu'il s'est proposés, en une méditation profonde, parfois douloureuse, et cependant sereine.

Sérénité

Le premier violon expose seul le chant de la première partie, une mélodie toute en doubles croches répétées, qui monte puis descend avec calme par intervalles de tierces et s'achève par quatre groupes de broderies légères en quadruples croches qui joueront dans tout le morceau un rôle essentiel. Le thème est repris, principalement au second violon, avec un contre-chant du premier, puis dans une très pure polyphonie apparaît une réponse comme une sorte de lente ritournelle. Pourtant, voici encore le premier motif dans une belle variation sur laquelle se détachent les accents de l'alto et du violoncelle, avec une longue pédale du second violon.

Alors entre le second thème en mineur, à l'unisson du violoncelle et du premier violon, un thème étouffé qui vient des sources profondes.

Sources profondes

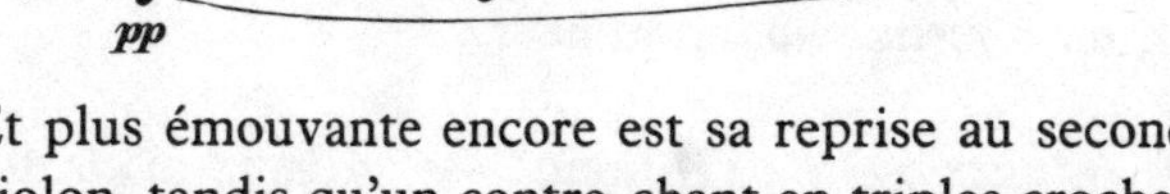

Et plus émouvante encore est sa reprise au second violon, tandis qu'un contre-chant en triples croches monte au violon, comme quelque très intime confidence ? Quatre fois ensuite le violoncelle essaye de reprendre le thème, mais le développement se prolonge sur de douloureuses syncopes appuyées par des *sforzando*.

L'alto, puis les violons, ramènent alors en mineur la seconde partie du thème initial (les quadruples croches), bientôt entrecoupée, elle aussi, de contretemps. Pourtant le motif se raffermit et, après un long trait chromatique ascendant, c'est le retour de la première partie. Le violon chante le thème initial accompagné par l'élément en quadruples croches aux autres instruments. Ceux-ci reprennent ensuite ce thème avec un contre-chant *staccato* du violon. On retrouve ici la réponse, puis la variation (plus ornée que la première fois) et à nouveau, par deux fois, la réponse.

Dans une sorte de *coda* reparaît le second thème, d'abord en mineur, puis en majeur, avec des *sforzando* frissonnants. Le second élément du thème initial conclut.

3e mouvement : Scherzo.

Le *scherzo* est surtout remarquable par sa saveur rythmique, par un usage constant de la syncope (souvent appuyée de *sforzando*), qui donne une allure très particulière à ce jeu insouciant.

Le *trio* cascade sur des formules de trois notes (deux doubles croches — une croche), avec des accents du second violon en *sforzando* sur le temps faible à la troisième mesure du motif.

Les quelques mesures qui précèdent la reprise du *scherzo* empruntent le même rythme que celui-ci, mais *fortissimo*, en mineur.

4e mouvement : Adagio — Allegretto quasi Allegro — Adagio — Allegretto.

Ce final, d'une forme inusitée, fut sous-titré par
Malinconia Beethoven : *La Malinconia* (La Mélancolie), avec

l'indication suivante : « *Ce morceau doit être joué avec la plus grande délicatesse.* »

« La Mélancolie », c'est cette phrase plaintive, indécise, qui s'égrène lentement et reste suspendue sur un *gruppetto*. Inscrite d'abord aux deux violons et à l'alto, elle se répète, plus sombre, aux second violon, alto et violoncelle, puis au quatuor complet, et s'achève en une douloureuse alternance *piano* et *forte* du *gruppetto*.

Une seconde phrase en imitations accentue encore cette impression de détresse,

puis l'alternance *piano* et *forte* sur le *gruppetto*, montant péniblement par demi-tons, s'amplifie, et prend au violoncelle un accent dramatique.

Mais tout à coup le climat change ; à cette âpre tristesse, à cette vision désenchantée de l'existence, le jeune Beethoven oppose la gaieté d'une danse paysanne, accentuée à contretemps, qui est l'image même de tout ce que la vie offre de revanches.

Et c'est un aimable *rondo*, qui déroule une guirlande de figures pleines de tendresse. Le premier et le second couplets, tout à fait semblables, sont fondés sur les éléments mêmes du refrain ; mais, à la fin du second couplet et de son refrain, voici que s'interpose le visage dramatique de la Mélancolie.

Timidement, le *rondo* tente de reprendre ses droits, mais la Mélancolie l'arrête encore.

Joie

Pourtant, c'est la joie qui va triompher. Après quelque hésitation, le *rondo* s'enhardit, sûr de sa victoire. Dans le troisième couplet, on remarquera la forme que prend le début du thème, un aimable galop qui rappelle le finale de la *Sonate* op. 31 nº 2 *(La Tempête)*.

Dans la *coda* le refrain rentre une quatrième fois, *adagio*, puis en un *prestissimo* effaçant toute trace de mélancolie.

Conclusion

Si les *Six quatuors* op. 18 ne peuvent encore prendre place parmi les très grandes œuvres de Beethoven (dont la première est sans doute, trois ans plus tard, la *Symphonie Héroïque*), du moins les annoncent-ils, très précisément parfois, en particulier dans l'*allegro* du *Quatuor nº 4* et l'*adagio* du *Premier*, à un moindre titre dans *La Malinconia* du *Sixième*, auxquels il ne manque qu'un peu de maturité et d'audace formelle (encore qu'ils soient loin d'en être dépourvus !) pour y figurer. Beethoven le savait lui-même, qui écrivait le 4 août 1800 au poète Matthison : « *Vous savez vous-même quel changement opèrent quelques années dans un artiste qui ne cesse d'aller plus avant ; et plus on fait de progrès dans l'art, moins on se satisfait de ses anciennes œuvres* » ; et à Wegeler, le 16 novembre 1801 : « *Chaque jour, j'arrive plus près du but, que je sens, mais que je ne puis décrire.* »

Toujours intéressants, les six premiers *Quatuors*

sont inégaux et souvent disparates. Mais il faut tenir compte du climat de l'époque et des ambitions de Beethoven qui, avant même de songer à l'avenir de son œuvre, désirait établir solidement sa réputation à Vienne. Et l'on ne peut nier qu'il rivalise très heureusement avec ses maîtres Haydn et Mozart, dans des mouvements tels que les *allegros* des *2ᵉ*, *5ᵉ* et *6ᵉ Quatuors*, l'*andante* du *Quatrième*, les *scherzos* des *Troisième* et *Sixième*, ou le *menuet* du *Cinquième*.

Plus importantes pour l'avenir sont les pages, encore imparfaites, mais déjà très belles, où se forge le style beethovénien, et qu'on verra fructifier dans les quatuors de la maturité : au premier chef, l'*allegro* du *Premier quatuor*, l'*andante* du *Cinquième* (qui annonce la grande variation des derniers quatuors), l'*adagio* du *Sixième*, le *menuet* du *Quatrième*, les *finals* du *Premier*, du *Quatrième* et du *Cinquième*, et, à un moindre degré, les *andante* et les *finals* des *2ᵉ* et *3ᵉ Quatuors*.

Les Quatuors de la maturité

op. 59, 74 et 95

DE TRENTE A QUARANTE-CINQ ANS

Après les *Quatuors* op. 18, Beethoven abandonne cette forme pendant six ans ; nous trouvons alors cinq quatuors qui appartiennent à « l'époque de la maturité » : les trois *Quatuors* op. 59, de 1806 ; le *Quatuor* op. 74, de 1809, et le *Quatuor* op. 95, de 1810. Et Beethoven ne reviendra ensuite au quatuor qu'à l'extrême fin de sa vie, après la *Neuvième symphonie*, pour en écrire six, de 1824 à 1827 (op. 127, 130, 131, 132, 133, 135).

Moins étroitement liés dans le temps que les premiers et les derniers, les cinq quatuors médians appartiennent cependant au même courant de création, à ce climat de fierté et de force où baignent les œuvres écrites entre 1802 et 1812, entre la *Symphonie héroïque* et les *Septième* et *Huitième symphonies*. Cette époque de la maturité qu'on nomme aussi « la seconde manière » de Beethoven s'inscrit entre deux crises douloureuses qui, chaque fois, l'ont profondément transformé. La première, en 1802, résulte de la rupture avec Giulietta Guicciardi et de l'aggravation de la surdité ; elle amène Beethoven au bord du suicide et il ne s'en

La seconde manière

délivre que par cet extraordinaire document qu'est « le Testament d'Heiligenstadt », transposé musicalement dans la *Symphonie héroïque* ; dans sa résolution de vivre pour son art *(« Ah ! il me paraissait impossible de quitter le monde avant d'avoir donné tout ce que je sentais germer en moi »)*, il puisera l'énergie qui soutiendra dix années de prodigieuse création. Mais, après la *Septième symphonie*, à la suite d'une catastrophe sentimentale inexpliquée (sans doute en rapport avec l'énigme de « l'Immortelle Bien-Aimée »), venant s'ajouter à un mal plus profond qui tarit en lui le courant créateur, une nouvelle crise va annihiler le génie de Beethoven pendant cinq années (1813-1818) avant qu'il renaisse plus grand, plus universel.

Mais il faut citer ici Romain Rolland, qui a synthétisé magistralement les étapes de la seconde manière de Beethoven, de la trentième à la quarante-cinquième année :

De l'Eroïca à la Septième symphonie

Après « l'âge beethovénien des trois victoires : l'*Eroïca*, l'*Appassionata* et *Léonore* (1803-1805), l'époque qui suit (1806-1809) est le plein été de la création, Messidor. Quelles moissons ! Les *Quatrième, Cinquième* et *Sixième symphonies*, les *Concertos pour piano en sol* et *en mi bémol*, le *Concerto pour violon*, la *Messe en ut*, l'*Ouverture de Coriolan*, les trois *Quatuors Razumovsky* op. 59, les deux *Trios Erdödy* op. 70, les *32 Variations en ut mineur*, la *Fantaisie pour piano, orchestre et chœurs*, dont les accents annoncent déjà l'Ode à la joie...

« Cette magnifique fécondité est, comme la joie de la *Pastorale*, interrompue par le coup de tonnerre qui tombe sur l'Autriche en 1809, qui la ruine, qui bouleverse sa vie sociale, et qui atteint profondément celle de Beethoven : la prise de Vienne par

Napoléon... Si terrible qu'ait été le coup pour Beethoven (et ses lettres en 1809 en témoignent), l'ébranlement produit n'eut tout son effet sur la création que plusieurs années après. Au premier moment, elle bénéficia de l'élan acquis. L'impérial *Concerto en mi bémol* était commencé avant l'invasion ; il poursuivit sa marche irrésistible ; et dans son sillage il entraîna (conçus dans la même atmosphère en mi bémol) le *Quatuor* op. 74 (lui aussi commencé avant la tourmente) et la *Sonate des Adieux*. La belle *Sonate à Thérèse* op. 78 est du même temps.

« Et si ralentie qu'ait été par une grave maladie — due à la surexcitation et à la sous-alimentation — la production musicale en 1810, elle est de choix, sous le signe de Gœthe... Beethoven écrit alors ses deux recueils de *Lieder de Gœthe* op. 75 et 83, et la musique d'*Egmont*. Le dramatique *Quatuor serioso* op. 95, dont l'*allegretto agitato* final est tout imprégné d'*Egmont*, porte la date d'octobre 1810 ; et l'admirable *Trio à l'Archiduc* op. 97 (achevé en mars 1811) clôt lumineusement cet âge classique de la création beethovénienne.

« Cet équilibre de l'art ne peut se maintenir. Les années 1810-1812 sont balayées par un vent de passion et d'orgueil. C'est le Beethoven de Teplitz, l'homme du masque. Non pas une seule passion, mais trois ou quatre le ravagent : les deux Thérèse (Brunswick[1] et Malfatti), peut-être Bettina, Amalie Sebald, et l'inconnue qu'il n'a jamais voulu nommer. Toutes s'achèvent en défaites et en déceptions. De l'accablement, il ne se relève que par furieux ressauts d'orgueil et par une étreinte dionysiaque de la Nature, qu'il a aimée avec extase, avec ivresse

1. Les historiens ne croient plus guère aujourd'hui à l'amour de Beethoven pour Thérèse de Brunswick.

religieuse et charnelle, plus qu'il n'aime aucun être vivant. Le fruit d'un tel accouplement est la colossale *Septième symphonie* — la Forêt. A la différence de la période précédente, les grandes œuvres de 1811-12 émergent d'une plaine aride, clairsemée de maigres buissons, comme la musique des *Ruines d'Athènes* et du *Roi Étienne*... premiers indices d'un appauvrissement du sol qui se manifeste dans les années qui suivent, 1812-1815... Ces années sont les plus vides en création : car la vie intérieure se retire et se voile, dans le secret de l'âme. » (Romain Rolland : *Le Chant de la Résurrection.*)

Septième quatuor en fa majeur op. 59 n° 1

PLACE DES QUATUORS RAZUMOVSKY DANS LA VIE DE BEETHOVEN

Après Fidelio

L'année 1805 a été consacrée entièrement à *Fidelio*, dont les représentations du 20 novembre, puis des 29 mars et 10 avril 1806 ont abouti à un échec total. Et le 2 juin, dans une lettre à Wegeler, Stephan von Breuning décrit l'abattement où cet échec a plongé Beethoven : « Cette cabale est d'autant plus désagréable pour Beethoven que la non-représentation d'un opéra, sur le produit duquel il comptait pour faire ses paiements, le recule passablement dans ses affaires d'intérêt ; et il sera d'autant plus long à se rattraper qu'il a perdu une grande partie de son goût et de son amour pour le travail, par suite du traitement qu'il a subi. »

Pourtant, Breuning se trompe, ou bien il n'a pas vu Beethoven depuis quelques jours. Est-ce la fureur de l'orgueil blessé, est-ce la nécessité financière évoquée par Breuning ? — toujours est-il que le 26 mai, Beethoven a entrepris ce *Septième quatuor* aux proportions gigantesques, qui est comme un défi aux Philistins viennois (« *Je n'écris pas pour la foule, j'écris pour les musiciens* », a-t-il dit récemment au directeur du théâtre de la Cour en lui reprenant la partition de *Fidelio*) et ne sera pas mieux compris que ce même *Fidelio*. Il l'achève le 5 juillet, et écrit à la suite les *Huitième* et *Neuvième quatuors*.

En marge d'une esquisse du *finale* du *Neuvième quatuor* il inscrit cette note qui définit bien son état d'esprit à ce moment : « *De même que tu te jettes ici dans le tourbillon mondain, de même tu peux écrire des œuvres, en dépit de toutes les entraves qu'impose la société. Ne garde plus le secret sur ta surdité, même dans ton art.* » Il y a là une fierté, une assurance et comme un mépris du monde qui font corps avec ces *Quatuors* op. 59 et s'exprimeront aussi dans le dédain avec lequel Beethoven accueillera les critiques sur ces œuvres. Au violoniste Radicati, il dit : « *Oh ! ce n'est pas pour vous ! C'est pour les temps à venir* », et à Schuppanzigh, qui se plaint de la difficulté d'exécution : « *Croyez-vous que je pense à vos misérables cordes, quand l'esprit me parle ?* » Ce qui n'empêche d'ailleurs pas qu'à Vienne on tienne ces quatuors pour « une mauvaise farce de toqué... une musique de fou » ; les membres du quatuor Schuppanzigh eux-mêmes croyaient à une mystification.

« Une musique de fou »

Les *Quatuors* op. 59 sont dédiés au Comte Razumovsky, ambassadeur de Russie à Vienne, allié du Prince Lichnowsky, grand ami et protecteur de Beethoven.

PLACE DANS L'ŒUVRE DE BEETHOVEN

La *Sonate Appassionata* op. 57 et le *Quatrième concerto pour piano* op. 58, qui précèdent les *Quatuors Razumovsky* au catalogue, ont également
1806 été achevés en 1806, au cours de l'été, mais ils appartiennent, en réalité, aux années 1804 et 1805, où ils furent presque entièrement rédigés ; au contraire, les quatuors, si certaines esquisses en remontent à 1804, sont bien des œuvres « d'après *Fidelio* ».

Aux *Quatuors* op. 59 succèdent le *Concerto pour violon* (en août ou septembre), la *Quatrième symphonie* (septembre) et les *32 Variations en ut mineur pour piano* (dans l'hiver). Mais sur toute cette période planent aussi les ombres de la *Cinquième symphonie en ut mineur* et de la *Symphonie Pastorale*, toutes deux esquissées en 1803 et écrites à des époques indéterminées, de 1805 à 1808.

Cette énumération indique clairement les pôles entre lesquels la création beethovénienne oscille dans cette période centrale de son œuvre : une
Affirmation et défi affirmation démesurée, prométhéenne de soi, qui se double d'un défi au monde et au Destin, ce « rêve de l'homme solitaire, muré, persécuté », dont parle Romain Rolland à propos de l'*Ouverture de Léonore II*, et d'autre part une profonde exigence de bonheur, ce bonheur qu'il cherche désespérément dans l'amour humain et qu'il trouve dans la nature.

L'ŒUVRE

1er mouvement : Allegro.

Il n'est pas d'entrée plus sobre et plus claire que celle du *Septième quatuor*. Sur des batteries régulières, en notes répétées du second violon et de l'alto, le violoncelle expose un thème dépourvu de caractère, dirait-on, un thème qui semble venir sous la main

Un thème sobre et mystérieux

et qui n'a pour lui que son allant. Et pourtant il impressionne dès l'entrée, par ce départ mystérieux au violoncelle, à la dominante au lieu de la tonique *(fa)*, par ce crépitement constant des second violon et alto (qui rappelle, entre autres exemples célèbres, le *Quintette en sol mineur* de Mozart et le *Quatuor en ut mineur*, op. 18 n° 4, de Beethoven), enfin par la longueur relative (8 mesures) de ce thème imperturbable. Comme souvent chez Beethoven, c'est l'idée la plus simple que l'on se donne pour s'éprouver, qui sert de support comme la pierre d'angle sur laquelle s'édifie la cathédrale.

Après cette entrée du violoncelle, le premier violon s'empare du thème, l'exalte, tandis que les batteries se font plus pressantes, pour aboutir *fortissimo* à l'accord parfait de la tonalité principale *(fa majeur)*. Mais la formule de conclusion, d'abord énergique, s'affaiblit, module et amène un motif de transition (un « pont ») très mélodieux (où l'on reconnaît un élément du premier thème)

chanté par les deux violons à la tierce, puis par l'alto et le violoncelle. Les quatre notes initiales du thème reparaissent et conduisent à une nouvelle transition, un motif ascendant en triolets du violoncelle seul.

Quelques notes égrenées en imitations annoncent, enfin, le second thème, une mélodie d'une effusion très pure qui monte au violon (avec son contrechant descendant au violoncelle)

s'exalte sur des trilles, puis s'adoucit sur des dessins de triolets en imitations aux violons et alto, achevés par une arabesque en arpèges aux trois instruments. Cet épisode plein de douceur du second thème vient buter sur de larges et lents accords alternés. Quatre accords *forte*, puis une ritournelle sur le premier thème (dont le second élément, murmuré tour à tour par les divers instruments, jouera un grand rôle dans le développement)

terminent cette exposition.

Au début du développement, le thème initial reparaît d'abord presque sans changement au violoncelle, mais à peine le violon a-t-il répliqué, qu'un violent trait en arpèges du violoncelle transforme le climat. On s'engage maintenant, semble-t-il, dans un domaine mystérieux et inexploré. C'est avec une sorte d'angoisse que l'alto, puis le second

Terrae incognitae

violon, le violoncelle, l'alto, le premier violon, en imitations serrées, inscrivent le thème au milieu de ces tourbillons grimaçants.

Puis le développement change d'aspect ; c'est la seconde partie (descendante) du thème qui fournit la matière d'un dialogue âpre, aride (avec un dur accent *forte*, sur la troisième note), auquel se mêle un dessin non moins aride, montant par groupes de trois notes piquées, dialogue qui module durement et vient se heurter aux sévères accords alternés qui concluaient le second thème dans l'exposition.

Un troisième épisode du développement s'ouvre alors. Le motif initial, tenace, n'a pas abandonné la partie ; il reprend son bâton de pèlerin et se développe au violon en une arabesque austère sur de longs accords tenus des autres instruments qui peu à peu « respirent » plus largement, sortent de leur stupeur, et, encouragés, chantent avec douceur les premières notes du thème.

Vers la lumière

Ainsi, peu à peu, on revient à la lumière et le quatrième épisode va symboliser cette résurrection. Tandis que le premier violon, après s'être un moment intégré dans les imitations sur le premier thème, poursuit sa marche solitaire (sur le second élément murmuré de la ritournelle), un admirable *fugato* commence timidement au second violon, passe à l'alto, puis au premier violon, à nouveau au second violon, enfin au violoncelle, s'enhardit, semble devoir tout remplir de son enivrante lumière, et pourtant retombe lui aussi dans l'obscurité.

Le cinquième épisode va alors réunir, dans un climat apaisé, le thème initial (sous la forme que lui donnait la ritournelle), le trait tourbillonnant en arpèges (du premier épisode) un court instant, et le dessin de triolets en imitations qui intervenait dans l'exposé du second thème. Culminant à l'*ut* suraigu du violon, cet épisode ramène la formule de conclusion atténuée du premier thème, puis débouche avec force dans la réexposition.

Dans celle-ci, plus large et lyrique que précédemment, on passe directement du thème initial au motif de transition très mélodieux, puis l'on retrouve la deuxième transition et le deuxième thème (à l'alto) avec tous ses épisodes, enfin la ritournelle suivie d'une vibrante *coda*, véritable « développement terminal qui fait éclore dans toute sa splendeur l'idée principale tout entière, mêlée à des éléments précis du second thème » (V. d'Indy).

Une joie prométhéenne

— Tel est bien, en effet, le caractère général de ce mouvement gonflé de sève symphonique : une exploration complète des capacités expressives de la cellule thématique assez pauvre que Beethoven s'était donnée, non pour une satisfaction purement scolastique, mais pour la joie prométhéenne de faire jaillir le feu de la pierre.

2e mouvement : Allegretto vivace e sempre scherzando.

Scherzo, rondo ou sonate ?

— La forme de ce morceau reste assez énigmatique. Proche du *scherzo* par l'esprit et l'écriture, du *rondo* par l'alternance des motifs, il garde des traits de la *forme sonate* où il a cependant du mal à entrer avec son immense exposition (154 mesures), beaucoup plus longue que le développement (105 mesures), auquel s'ajoute, il est vrai, un développement terminal (57 mesures) après la réexposition. Il semble donc bien que Beethoven, tout en désirant conserver le plan de la sonate, se soit laissé emporter par sa fantaisie et son invention, et aussi par le dynamisme de ses thèmes. Ainsi, les bases formelles que nous donnons (à la suite de Vincent d'Indy) sont des points de repère commodes ;

elles ne rendent pas entièrement compte de la progression de la pensée beethovénienne qui fait éclater les cadres traditionnels.

Omniprésence du rythme

L'élément moteur de cet *allegretto* (comme plus tard dans les *Jeux de couples* du *Concerto pour orchestre* de Bartok), c'est un rythme sur une seule note répétée quinze fois, que le violoncelle présente *pianissimo* en notes piquées et qui va remplir le mouvement de son omniprésence.

A ce rythme répond un léger motif *scherzando*, le premier du sujet initial ;

le rythme revient à l'alto, le motif au premier violon, et le rythme s'empare de tout le quatuor, qui expose ensuite le deuxième motif du premier sujet, une mélodie douce, mais dont le ton monte vite et qui conclut énergiquement.

Le rythme conducteur commence alors à se développer avec véhémence (déjà le sourire a disparu), puis s'efface devant un troisième motif au premier violon, en mineur

qui part plein de fièvre et chante lyriquement, avec une conclusion suspendue.

Le rythme alors reprend ses droits ; on croit l'exposition terminée (sans véritable second thème), mais voici un long épisode de transition, où d'abord le rythme paraît comme au début, suivi du premier motif, légèrement transformé et allongé, par deux fois. Le rythme se développe avec une splendide couleur quasi orchestrale, ramenant le premier motif transformé, dans toute sa force, qui, comme précédemment, semble culbuter, à coups de *sforzando*, dans quelque sombre fosse.

Alors s'élève l'admirable *second thème*

une mélodie qui monte pleine de flamme mélancolique, retombe ensuite *scherzando* (en notes piquées) et se développe longuement, magnifiquement, aux divers instruments, avec un second élément qui est son contraire, tandis que le souvenir du rythme conducteur est maintenu par les successions de notes répétées à l'accompagnement. Lui aussi disparaît comme englouti.

Et le rythme reparaît crescendo, triomphant dans le développement tout entier à sa gloire. Dans une première phase son ombre syncopée enlace les bribes du premier motif ; à la fin, le second motif passe, rapidement interrompu. Dans la deuxième et la troisième phases, c'est la véritable apothéose de ce rythme qui danse d'abord une sorte de valse sur quelques notes, puis se lance dans une cadence fantastique, déferlante, d'arpèges rageurs et d'accords inlassablement répétés ; puis tout s'apaise, le premier motif passe naïf sur les notes répétées *pianissimo*, de légères guirlandes *staccato* se cherchent à tâtons dans l'ombre par mouvements contraires, aboutissant à trois accords *fortissimo*.

Dans la dernière phase, les notes répétées du rythme sont plus discrètes et laissent chanter tour à tour un motif dansant, un peu mélancolique, et quelques bribes égarées du premier motif.

Et c'est la réexposition qui commence directement sur le deuxième motif surmonté d'un trille. Le plan est le même que précédemment.

Une fois le second thème passé, commence un développement terminal avec d'abord la phase syncopée (du premier développement), puis une sorte de trait démesuré de tout le quatuor en imitations sur le premier motif. On retrouve alors la dernière phase (avec le motif dansant et mélancolique), puis le deuxième motif qui achève ce développement et ouvre la *coda*, laquelle voit naturellement le triomphe du rythme.

Ambiguïté

— On ne peut sans doute nier le caractère ambigu de cet *allegretto* (comme beaucoup de *scherzos* beethovéniens, mais plus particulièrement ici) en apparence gai, malicieux, mais par bien des côtés inquiétant, sarcastique, avec ce rythme anodin qui prend parfois des proportions terrifiantes...

3e mouvement : Adagio molto e mesto.

— Comme les trois autres mouvements de ce quatuor, l'*adagio* est en forme sonate, mais d'une coupe beaucoup plus simple que l'*allegretto*.

« Sur la tombe de mon frère »

Sur l'esquisse de ce mouvement, Beethoven a écrit : « Un saule pleureur ou un acacia sur la tombe de mon frère ». On ne sait ce qu'il a voulu dire par là, ses deux frères étant alors vivants ; il avait bien un frère aîné, mort à six jours, mais comment imaginer qu'il lui ait dédié cette immense page funèbre, digne d'un « héros » ? Sans doute est-ce quelque image qui lui a traversé l'esprit pendant la composition, mais qui ne correspond à rien de réel, ou quelque citation, à moins qu'il ne s'agisse d'un frère « maçon ».

Sur un accompagnement très dense de ses compagnons, le premier violon chante à mi-voix une grande phrase douloureuse.

qui se déploie comme une « oraison funèbre » et pourtant reste d'une profonde sobriété malgré ses accents poignants *(crescendo — piano ; sforzando — morendo)*. Puis le violoncelle chante à son tour, dans son registre élevé, et les figurations discrètes du violon (tirées de la mélodie) ajoutent encore à l'infinie tristesse de cette plainte. Lorsqu'elle s'éteint, c'est encore le violoncelle qui amorce l'élément de transition, d'abord très sombre, qui gémit bientôt au violon et soudain s'anime en une admirable formule (en triples croches précédées du *gruppetto*) qui semble hausser l'âme au-dessus de sa douleur, lancer comme une sublime lueur d'espoir. Et, toujours à mi-voix, sur les hachures en triples croches du violon, le violoncelle chante le second thème, une mélodie plus apaisée, d'une ligne très simple

que le premier violon reprend ensuite (le second violon et l'alto continuant les triples croches) avec le violoncelle en mouvement contraire. Elle s'interrompt pourtant, plaintive, sur deux traits ascendants de violoncelle, suivis de plaintes étouffées et d'une montée véhémente du quatuor qui s'arrête net... Alors, en guise de ritournelle (ou de groupe de cadences) au violon et au violoncelle alternativement, *piano*, se lamente une courte formule (répétée par groupes de trois) comme un sanglot **Sanglot**

tandis qu'aux autres instruments se prolongent les ondes du second thème. Et cette sublime exposition s'achève en une gamme descendante d'*ut mineur* (excepté le *si*) fragmentée par groupes de deux notes, entrecoupés de silences.

Le développement fait réentendre le second thème sur un dessin de triples croches un peu différent, avec à la fin de nouvelles figurations de violon (le violoncelle jouant toujours le rôle principal, avec le second violon) pour aboutir à un *crescendo* tragique qui se résout en un nouveau dessin de triples croches du violon. Le violoncelle, alors, reprend le premier thème qui se développera en sombres imitations aux autres instruments, pendant que le violoncelle poursuivra le dessin d'accompagnement en étranges *pizzicati* de triples croches. A la fin de la période reparaît le motif en sanglots de la ritournelle qui, peu à peu, se perd. Et l'on atteint aux cimes de cet *adagio* : tandis que l'accompagnement s'est apaisé en un doux battement, toujours en triples croches et en *pizzicati*, le premier violon chante avec une douceur inexprimable une mélodie majeure d'une tendresse merveilleuse

(variation du second thème, où passe parfois l'écho

atténué des sanglots de la ritournelle, mais aussi de l'admirable formule de conclusion avec ses *gruppetti*) qui répand une lumière toute divine sur ce douloureux poème.

La vertu de force

Aussi, lorsque vient la réexposition, le caractère du premier thème s'est transformé : si la ligne mélodique du violon ne s'est pas sensiblement modifiée, elle s'est enrichie de ces *gruppetti* qui ont la vertu de force, et elle s'élève maintenant vers le ciel, passant à diverses reprises à l'octave supérieure, tandis que dans l'accompagnement subsistent les bienfaisantes triples croches du second violon, avec des trémolos frissonnants à l'alto et un beau contrechant en *pizzicati* au violoncelle. Ce n'est plus la douleur solitaire du début ; elle est tout entourée d'affection, d'une chaleur à la fois humaine et divine. Aussi la reprise lugubre au violoncelle est-elle supprimée et l'on passe tout de suite au motif de transition, puis au second thème qui garde le même visage.

Après la ritournelle, le second et le premier violons, en imitations puis à l'unisson, ramènent le thème initial qui a repris son allure tragique du début, mais au lieu de s'achever *morendo* (en mourant, en s'éteignant) il s'apaise en une douce mélodie descendante (tandis que monte le même dessin, en mouvement contraire, au violoncelle) sur le rythme du second thème. Insensiblement l'atmosphère change, et après deux mesures de transition, le violon entreprend un long trait d'abord *legato*, puis *staccato*, bientôt ivre d'allégresse, comme le chant de l'alouette qui annonce que le jour succède aux ténèbres. Un trille prolongé pour finir prépare la joie ensoleillée, rustique, de l'*allegro* final.

Le chant de l'alouette

4e mouvement : Allegro.

Le trille se prolonge toujours, monte par demi-tons, avant de passer au violoncelle qui vient d'exposer un thème très guilleret

Thème russe

comme une danse populaire (un thème russe, sans doute offert par le comte Razumovsky). Ce thème ne va guère cesser de chanter et de danser tout au long du *finale*, tant Beethoven est heureux. Le violon le reprend d'abord seul, puis en imitations avec le second violon et l'alto, et ensuite il se développe en doubles croches, éclate dans tous les registres. Comme on est dans un mouvement de forme sonate, le second violon lui oppose un thème plus calme

repris par le premier violon, mais sitôt après il reparaît pour faire lui-même l'objet d'une longue ritournelle bondissante.

Et c'est lui naturellement qui sert de thème au développement, au début duquel reparaît le trille de l'alouette. Inutile de le suivre dans tous ses ébats, il suffit de l'entendre, d'une joie tour à tour exubérante et intérieure, jusqu'à l'exquise et discrète réexposition.

Après la ritournelle, c'est encore le thème russe qui revient dans la *coda* (annoncée par deux points d'orgue) en charmantes imitations d'abord, puis sur un rythme trépidant des basses, enfin triomphant. Avant de conclure, toutefois, c'est un *adagio*, un cantique, sans aucun doute, « de reconnaissance à la divinité », achevé par un court *presto*, rapide comme une charge de cavalerie !

Chant de libération

— Incontestablement, Beethoven sort de l'ombre. C'est un chant de libération comme le *finale* de *Fidelio*, d'action de grâces comme celui de la *Pastorale*, dans une extraordinaire exultation. Plaignons ceux qui trouvent ce mouvement peu intéressant, sans en apercevoir la signification.

Voilà un homme qui a affronté toutes les angoisses : le chemin rocailleux, obscur, ingrat, les précipices de l'*allegro*, les sarcasmes inquiétants de l'énorme *allegretto*, les pensées funèbres de l'*adagio*. Quelle revanche avec le *finale* où un thème rustique fait retrouver la vie, un thème simple comme le cœur de Beethoven adorant la nature, ce thème russe (mais la Russie n'a rien à faire là-dedans) dont il ne sait comment exprimer toute l'exultation et que pour finir, dans un mouvement si beethovénien, il offre à la Divinité salvatrice, mais tout aussi bien à son propre génie.

Huitième quatuor en mi mineur op. 59 nº 2

1er mouvement : Allegro.

Tristesse, élan

Deux accords tranchants (accord de tonique *mineur*, accord de dominante *majeur*), séparés et suivis de silences, nous placent d'emblée dans le climat de l'*allegro* : doute et tristesse, élan vers la joie et la lumière. Puis vient le premier thème, tiré de l'accord initial, *pianissimo*, avec un début sourdement inquiet et une guirlande terminale ;

un silence, et le thème monte d'un ton ; encore un silence et les trois premières notes du thème semblent de plus en plus contractées. Alors entre un second élément (renversement du premier)

plus détendu, mais toujours triste, qui chante sur une autre guirlande de doubles croches, un simple trait qui rôde ensuite au second violon et à l'alto jusqu'à une cadence, relevée par les accents des accords initiaux. Nouveau silence avant la transition où le second élément se lamente toujours au second violon et en contre-chant au premier violon, mais la guirlande de doubles croches est vite retournée en d'irrésistibles gammes ascendantes, puis en arpèges brisés sur de furieux trémolos, où la force du caractère beethovénien fait irruption. Tout se calme alors et, sur le murmure de l'alto, le violoncelle et le premier violon dialoguent le second thème

une phrase très douce (issue du deuxième élément du thème initial) qui chante et se déploie en de ravissantes arabesques, toutes de griserie heureuse ; un second motif, d'un rythme électrisant, se détend lui aussi en une phrase très douce. Après un épisode en lentes syncopes, qui va *crescendo*, une vigoureuse ritournelle en arpèges descendants (symétrique de la transition entre les deux thèmes) éclate au violon puis à l'alto sur de puissantes batteries et achève l'exposition. « On dirait d'épais nuages cédant peu à peu à un souffle irrésistible et s'écartant enfin pour laisser apparaître un triomphant soleil » (Marliave).

« Un triomphant soleil »

Le développement s'ouvre sur les deux accords du début, répétés pensivement par deux fois, puis à nouveau avec force. Le premier élément du motif initial reparaît au violoncelle, achevé par le violon. Les deux instruments jouent gravement avec lui, mais le cœur n'y est pas, et l'on voit revenir à deux reprises les lentes syncopes montant chromatiquement. Enfin, sur les accords initiaux qui retentissent tantôt au grave, tantôt à l'aigu, les instruments par groupes se lancent dans un long trait descendant plein de fougue, qui nous amène au second élément du thème initial ; celui-ci est toujours gracieux et triste, mais son long trait heureusement nous plonge dans l'ardente fournaise de l'élément de transition (gammes et arpèges brisés ascendants) dont les trilles se multiplient, avant de déboucher dans la réexposition.

Les traits de doubles croches accompagnent un instant les accords initiaux, puis l'on retombe dans l'inquiétude. Pas pour longtemps, car l'ardente transition vient bien vite soulever de sa force enthousiaste le second élément du thème et se développe longuement cette fois avant l'arrivée du second thème. Celui-ci suit le même plan que précédemment, jusqu'à la ritournelle (après laquelle Beethoven voudrait encore une reprise de tout le développement !).

Ici s'inscrit un développement terminal, en lentes imitations sur le début du thème, avec encore le passage syncopé, puis le second élément du thème (on retrouve, en somme, le premier développement resserré), mais cette fois en une étincelante *coda* pleine de joie et d'allégresse (comme un *finale* de concerto), à la pointe de laquelle reparaît le thème initial dans toute sa gloire.

2ᵉ mouvement : Molto adagio.

— « Il faut jouer cette pièce avec beaucoup de recueillement », écrit Beethoven. D'après le violoniste Holz (du quatuor Schuppanzigh), il aurait été inspiré par une nuit étoilée dans un vallon de Baden. Czerny, de même, parlait d'une « méditation sur l'harmonie des sphères, devant le ciel étoilé, dans le silence de la nuit ».

L'harmonie des sphères

Le premier thème est un lent choral.

qui s'étend sur tout le quatuor. Il est repris par le second violon, l'alto et le violoncelle, surmonté d'une arabesque du premier violon, au rythme tremblant et pensif

rythme qui se transforme (plus saccadé et sec) avec l'apparition (au second violon, puis en imitations aux autres instruments) d'un nouvel élément, une belle phrase tirée du motif inital qui monte avec lenteur puis redescend.

Le rythme saccadé remplit tout le quatuor *(piano)*

Choral

en une sorte de choral (c'est le début de la période de transition, car nous sommes toujours en forme sonate) ; le violon décrit une courbe très pure, revenant ensuite au choral en saccades. Un moment, tout semble s'éteindre ; à l'alto, un dessin en octaves, un peu mélancolique, rappelle le rythme conducteur, puis les voix se raniment, le premier violon reprend ses arabesques (en triolets), tandis que le second violon, à mi-voix, chante le second thème

une phrase coupée de silences, au rythme toujours saccadé, accompagné par un nouveau choral de basses. Mais le second thème, c'est bien plutôt l'arabesque très pure, partie du violon

qui descend jusqu'au violoncelle, remonte, et s'achève, sur les notes répétées des basses, par une sorte de calme cadence, sur un motif de trois notes que dialoguent les deux violons.

Après quoi, le développement s'ouvre à nouveau sur le choral initial (introduit par un trille) troublé par une sombre modulation, à laquelle le violon réplique par un trait montant et descendant, introduisant ainsi la cadence de trois notes qui terminait l'exposition. Mais celle-ci est elle-même prise dans les remous qui ont traversé la méditation du poète.

Un mystérieux épisode en notes répétées présente à deux reprises de vigoureux arpèges descendant *staccato* au premier violon. La cadence de trois notes tente encore de ramener la sérénité, mais elle est stoppée par un accord dur, *forte*, qui la fait chanceler, et elle disparaît... Dans le silence, le violoncelle se contente de répéter, sur le dessin d'octaves (précédemment à l'alto), le dessin saccadé qui remplissait l'exposition, et ce souvenir va bientôt conduire à la réexposition.

Celle-ci est beaucoup plus dense qu'auparavant. C'est le violoncelle qui a repris l'arabesque au rythme tremblant du premier violon, tandis que les voix du choral se développent en une large polyphonie. On retrouve ensuite le second élément tiré du motif initial, l'épisode de transition, le second thème et sa cadence très calme.

Avant de conclure, le choral initial revient comme au début du développement, mais *fortissimo*, et cette fois, après un trait descendant du violon, la cadence de trois notes apporte bien la paix et le repos, laissant à l'arabesque en triolets du second thème le soin de refermer les portes du songe.

Le temps et l'absolu

— Un tel *adagio* est presque impossible à évoquer tant il reflète d'intériorité. Les mouvements qui rident la surface ne sont que de fugitives pensées qui se détachent sur l'immuable fondement de la méditation : le rythme tremblant ou saccadé, les notes répétées, les groupes de trois notes de la cadence (si importante pour le développement) détaillent le temps qui s'écoule, la progression des astres, tandis que la pensée se fixe dans l'absolu par ces lentes mélodies, ces arabesques sans fin, qui forment la trame profonde de l'*adagio*.

3e mouvement : Allegretto.

L'*allegretto* prend un léger appel sur la tonique, la dominante et la tonique (mi — si — mi) pour danser ensuite délicatement sur le deuxième temps de la mesure, sautant avec adresse par-dessus le premier et le troisième. D'où une allure aérienne et fragile, un peu mélancolique, qui contraste avec le *trio* d'un robuste accent terrien, un thème russe (non dénué de « charme slave » d'ailleurs) qui se détache sur une belle guirlande en triolets, puis est repris en entrées de fugue successives par les divers instruments et s'achève dans une sérénité toute pastorale, avant de se dissiper au retour de l'*allegretto.* (Beethoven demande qu'on reprenne aussi le *trio* et à nouveau l'*allegretto* !)

Thème russe

— Joseph de Marliave rappelle que ce thème russe a été utilisé par Rimsky-Korsakov dans *La Fiancée du Tzar* pour symboliser la majesté du Tzar, et par Moussorgsky qui l'associe, dans *Boris Godounov*, aux cloches du Kremlin.

4e mouvement : Finale. Presto.

— Comme souvent chez Beethoven, ce *finale* tient à la fois de la forme sonate et du rondo, sans être tout à fait un « rondo-sonate » (ainsi le *finale* de la *Septième symphonie* auquel celui-ci fait parfois penser) ; curieux morceau qui se proclame en *mi mineur* et affirme bruyamment la tonalité d'*ut majeur* !

Apothéose du rythme

Le thème principal (on ne cessera guère de l'entendre dans cette « apothéose du rythme ») est exposé d'entrée par le violon.

C'est un motif bref et saccadé, assez militaire ; il impose sèchement sa loi aux autres instruments qui sonnent une charge immobile sur des notes répétées. Il se répète trois fois de suite avec des conclusions un peu différentes, puis une quatrième fois, et semble alors chercher désespérément sa conclusion, en grimpant le long de motifs de trois notes.

Un instant on dirait qu'il a atteint une ritournelle en trait continu, mais après de nouveaux motifs de trois notes, il aboutit au deuxième thème, une mélodie elle aussi interrompue, mais gracieuse et chantante.

Elle non plus ne trouve pas sa conclusion et fait un abondant usage des motifs de trois notes. Aussi, au lieu d'amener le développement, elle se jette à nouveau dans le thème initial qui revient quatre fois, mais inaugure le développement.

Il en sera naturellement le personnage principal, mais il atteint maintenant à un authentique lyrisme. Ce n'est plus ici ce personnage raide, cassant, sur lequel Beethoven semblait exercer son humour et sa verve, mais un trait splendide, déferlant sur un puissant choral aéré aux autres instruments, le trait passant de l'un à l'autre. Puis, après un passage mystérieux où le trait, à nouveau brisé, descend par échelons au violon sur les tenues de l'accompagnement, le thème prend une autre forme au violon et au violoncelle, comme une chanson de marche menée tambour battant qui se développe aux divers instruments.

Ce développement aboutit (par un épisode sur les motifs de trois notes) à une sorte de fausse réexposition renversée, c'est-à-dire qu'on retrouve ici le second thème (à la véritable tonalité de *mi mineur*) qui suit le même plan que précédemment, avec cependant un court développement planant, lui aussi, sur un puissant choral. Puis, voici le thème (il n'a toujours pas abjuré son *ut majeur*), qui, la seconde fois, court encore désespérément après sa conclusion et de la sorte enchaîne un nouveau développement assez batailleur, rejoignant la chanson de marche ; mais le ton bientôt s'adoucit, s'intériorise (sur un nouveau motif tiré du thème initial), atteint dans ces dernières pages, coupées de silences, une grandeur abrupte et émouvante.

Une conclusion en trémolos ramène le thème (toujours en *ut majeur*), suivi de la montée sur les motifs de trois croches (qui débouchent cette fois en *mi mineur*) où le thème est emporté *prestissimo* jusqu'à la fin.

Le chaudron des sorcières

— Ici, comme dans la *Septième symphonie* (mais le génie parle moins haut), s'exprime cette frénésie rythmique essentielle chez Beethoven, parfois un peu lassante dans ses répétitions obstinées, mais qui nous vaut de splendides envolées lyriques qui avaient besoin, pour apparaître, de « bouillir » longuement d'abord dans le « chaudron des sorcières »...

Neuvième quatuor en ut majeur op. 59 n° 3

1er mouvement : Introduzione : Andante con moto — Allegro vivace.

— Pour la première fois dans les quatuors, Beethoven commence par une introduction lente, qui va devenir la règle dans presque tous les derniers quatuors, introduction destinée à incliner l'auditeur au recueillement, à établir un climat. De celle-ci on dit communément qu'elle ne joue aucun rôle dans la composition, ce qui est vrai du point de vue thématique, mais elle n'en reflète pas moins une méditation incertaine (« l'harmonie erre à tâtons », dit Marliave) à laquelle l'*allegro* va répondre, contre laquelle il va réagir. **A tâtons**

Après cette introduction riche en temps morts, en silences et en notes tenues, relevées d'accents et de trilles, deux notes fortement accentuées lancent l'*allegro*, motif (ou cellule) essentiel qui va réapparaître tout au long du mouvement et lui donner sa signification. A cet appel, le violon seul réplique par une phrase à cloche-pied pleine de vivacité et de fraîcheur

(qui préfigure le véritable premier thème) ; nouvel appel, nouvelle réplique. A un appel plus pressant sur l'accord d'*ut majeur*, le véritable thème apparaît, clamé à l'unisson par les violons et l'alto, thème

Parade militaire

d'une bruyante gaieté où l'on croirait entendre les trompettes d'une parade militaire (avec le tambour-major faisant tourner sa canne).

Il se répète et se développe avec animation, conclut par des gammes et des arpèges brisés pleins de jubilation. Au début de l'épisode de transition les deux notes de la cellule essentielle reparaissent *piano* au second violon et à l'alto, sous une gamme de deux octaves du premier violon, avec une conclusion de trois notes (mi, fa — *fa, ré, do*) qui parachève ce motif capital. La transition se poursuit par un rapide dialogue sur une phrase agile montant et descendant en escalier, puis par un développement sur notre motif essentiel, enjolivé d'une fioriture (trille et *gruppetto*)

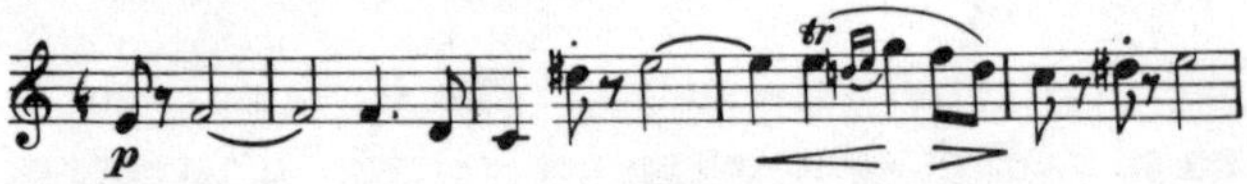

et s'achève par des imitations sur un motif de trois notes (tiré du premier thème) avant de céder la place au deuxième thème. Celui-ci ressemble fort à la phrase agile de la transition (avec ses trois notes répétées à la fin et ses entrées successives)

jeu brillant et léger d'abord, avec un épisode plus concentré *(pianissimo)* et un contre-sujet plein de force au violon ramenant le motif conducteur, pour reprendre ensuite tout son brio joyeux. La cadence se fait en imitations sur un motif dérivé du deuxième thème et on entre dans le développement.

C'est là que se livre la lutte. Les instruments dialoguent sur le rythme conducteur qui n'avance pas, qui hésite et prend un air lancinant. Le violon alors lance la phrase préliminaire du premier thème, mais à nouveau le rythme piétine ; la même phrase essaie encore de prendre son envol aux divers instruments ; en vain. Alors le deuxième thème et le motif de transition (étroitement apparentés) se déchaînent sur de vibrants trémolos. Vont-ils emporter la décision ? Pas encore ; le rythme conducteur consent juste à s'adoucir d'un trille et d'un *gruppetto* (comme dans la transition). Nouvelle violente offensive en arpèges brisés ascendants et descendants, sous lesquels persiste le rythme. Celui-ci alors se développe seul, *fortissimo*, puis *diminuendo*, soudain semble sortir de l'incertitude, s'élance *crescendo* (croche — noire pointée, au lieu de noire — noire pointée) et ses accents triomphants en octaves prouvent qu'il a triomphé de lui-même.

« Le faut-il ? »

« Il le faut »

Alors seulement la réexposition peut intervenir, annoncée par des trilles ; le thème préliminaire, tout décontracté, chante comme un oiseau et le véritable premier thème apparaît, doublant ses formules victorieuses en doubles croches ou en triolets (arpèges brisés). Dans la transition, le motif conducteur va-t-il remâcher son indécision ? Un instant on le croit, mais non, il s'élève très détendu avec un contre-chant plein de bonne grâce, et la seconde fois (comme dans la conclusion capitale du développement) double et triple ses valeurs (croche au lieu de noire). Le deuxième thème peut alors se livrer librement à son allégresse ; le rythme ne fait plus opposition.

Dans la *coda*, ce fameux rythme est encore en scène, mais sa cadence apaisée montre bien qu'il est libéré, et un trait en accélération conclut ce splendide mouvement.

L'Action

— Est-ce trop s'avancer que de voir dans cet *allegro* une dissertation sur l'Action (thème favori de la pensée germanique) comme on l'a dit du fameux *Muss es sein ?* — *Es muss sein* (« Le faut-il ? — Il le faut ») du *Seizième quatuor* (« la résolution difficile à prendre »). N'est-ce pas là le sens de cette question que pose l'introduction noyée dans le brouillard ? Notre cellule rythmique la dissipe un peu prématurément en donnant son élan au premier thème, joyeuse invitation à l'Action ; des résistances se font jour dans la transition que l'allégresse du second thème s'efforce de surmonter. Mais dans le développement, impossible d'éviter le problème : « Le faut-il ? » Par cinq fois la question se pose. « Oui, il le faut », et le développement se termine par le triomphe de l'Action (consacré encore dans la *coda*) débordant de cette joie que porte en elle l'Action et qui en est la récompense, la justification.

2e mouvement : Andante con moto quasi Allegretto.

Mélancolie

Un *mi* grave, *forte* en *pizzicato*, ouvre l'*andante*, et le violon chante une romance mélancolique (à 6/8).

Le violoncelle à découvert, toujours en *pizzicati* dans le grave, poursuit le dessin, *crescendo*, avec un accent âpre, et ramène la romance. A nouveau le dessin de violoncelle, puis la romance continue sur un deuxième couplet, d'une polyphonie plus fournie, marqué par d'émouvants *sforzando-piano* sur le quatrième temps.

Le trait de violoncelle fait reprendre cette deuxième partie, qui conclut sur une plainte discrète, issue du premier dessin (ce premier thème est un « lied » à trois parties).

Cette tristesse profonde, à laquelle le violoncelle en *pizzicati* donne un caractère inexorable, va être aggravée, « dramatisée » par la transition modulante où abondent les *sforzando-piano*. Le second thème majeur, une chanson ingénue en notes piquées, apporte cependant une consolation à cette peine

mais sa cadence est moins sereine où rôdent les *sforzando-piano*.

Le développement commence sur la transition dramatique avec ses accents syncopés (« il semble qu'on entende le cri : Malheur », dit Marliave) sur **« Malheur »** l'arabesque du violoncelle. Peu à peu cependant le développement remonte vers la lumière, malgré la houle persistante, et l'on retrouve le second thème d'abord sur la tonique majeure, *la*, mais il se développe ensuite dans une tonalité éloignée, semble danser dans le lointain.

La tristesse est bien le dernier mot de cette page. Sous un choral en longues tenues, la tragique arabesque du violoncelle en *pizzicati* se déploie à nouveau et amène la réexposition de la romance suivant le plan initial, avec quelques variations de détail. Mais cette fois plus de second thème : après la transition, c'est le troisième élément de la romance, triste ritournelle, qui reparaît.

La plainte peu à peu se perd dans le lointain tandis que l'inexorable trait de violoncelle conclut.

3

3e mouvement : Menuetto.

Grazioso

Après ce dramatique *andante*, d'une désolation qui ne veut pas être consolée, plainte « imprégnée d'un charme tout féminin qu'on rencontre rarement chez Beethoven » (Marliave), il ne pouvait être question d'inscrire un *scherzo* abrupt. On revient donc à un *menuet* « gracieux » *(grazioso)*, très mélodieux et comme feutré, où nul accent violent ne blesse la douleur passée.

Au contraire, le *trio* (suffisamment éloigné dans le temps) s'impose de prime abord par le dessin ferme et acide de ses arpèges en notes piquées.

Mais bien vite il fait patte de velours avec un second élément souple et moelleux accompagnant le dessin initial du violon qui monte en larges syncopes interrompues selon son dessin arpégé.

Comme le *menuet*, le *trio* est en deux parties, chacune reprise, puis l'on redit le *menuet* (sans reprise) qui s'achève par une *coda* sur le thème ; mais il a cette fois (au violoncelle) un accent âpre et douloureux (en mineur) ; la joie à nouveau s'est enfuie, les *sforzando-piano*, les plaintes de l'*andante*, ont reparu, plus amers. Le *menuet* ne conclut pas et l'on attaque le *finale*.

Amertume

4e mouvement : Allegro molto.

— Ce tumultueux *finale* se présente sous une apparence de fugue, mais reste cependant soumis au plan de la sonate qui ajoute encore à sa force passionnée.

Une fugue échevelée

C'est l'alto qui énonce le thème de la fugue, un trait impétueux en croches, interrompu deux fois d'abord, et qui, ensuite, court sans trêve à toute allure, escaladant et dévalant collines et montagnes, insatiable, irrépressible.

Le second violon n'entre qu'au bout de dix mesures, puis le violoncelle, enfin le premier violon qui allonge encore le thème, monte jusqu'au paroxysme, où il se jette dans un motif de transition violent, opiniâtre, « sonnerie héroïque »

en dialogue avec les autres instruments que le violon prolonge encore jusqu'à perdre haleine en un trait descendant *diminuendo*. Et c'est le second thème (cinq notes montantes) sur lequel les instruments reprennent souffle à tour de rôle

sans abandonner le rythme, en des échanges sans cesse rebondissants, dont la conclusion va *crescendo*.

Et la course reprend après un très bref repos ; le développement commence sur le début du thème de la fugue en mouvements contraires au second violon et à l'alto, mais vite tout le thème s'enfuit au violoncelle et à l'alto, avec un contre-sujet au premier violon.

Les forces se regroupent, répétant le début du thème de la fugue, puis la transition opiniâtre, coupée un moment par une montée puissante toujours sur le début du thème. Un nouveau contre-sujet paraît au premier violon, les forces se regroupent, une vague vient tout emporter en un extraordinaire « divertissement » où tour à tour chaque instrument, sur les accents haletants de ses compagnons, trace un long trait montant *crescendo* et descendant *pianissimo*, en un effet saisissant. Le début du thème se répète violemment à l'aigu du premier violon, puis au second violon ; l'alto redit tout le thème sur de puissants accords, et le développement s'achève en un nouveau déferlement de traits cette fois à l'unisson.

Un point d'orgue, deux accords, et c'est la réexposition de la fugue avec, au premier violon d'abord un vigoureux contre-sujet

qui donne plus de bondissement encore à la fugue. On retrouve ensuite les mêmes phases (transition, second thème, avec un fugitif contre-chant plein d'entrain dans la conclusion). Inlassable, Beethoven, dans un développement terminal, reprend le début du développement central (en mouvements contraires), puis bifurque jusqu'à un long trille joyeux du violon, sous lequel rejaillit le contre-sujet (apparu à la réexposition) qui se transforme bientôt en un *cantus firmus* exultant (aussi triomphant que celui de la *Symphonie pour cordes* d'Honegger !), tandis que le thème de fugue repart de plus belle, mené à nouveau jusqu'au paroxysme par le violon. Un arrêt brusque, un accord, un point d'orgue, un vigoureux unisson de cinq notes descendantes, encore un point d'orgue et on retrouve le contre-sujet de la réexposition suivi du thème de la fugue, avec un nouveau contre-sujet plein d'enjouement

Cantus firmus

bientôt emporté par la marée montante de la fugue qui s'achève dans un déferlement d'arpèges brisés (en notes répétées) à l'unisson et trois accords arrachés.

— A ce mouvement, on ne peut rêver plus belle épigraphe que celle de Beethoven que nous avons citée en introduction aux *Quatuors* op. 59, mais qui figure sur l'esquisse de ce *finale* : « *De même que tu te jettes ici dans le tourbillon mondain, de même tu peux écrire des œuvres, en dépit de toutes les entraves qu'impose la société. Ne garde plus le secret sur ta surdité, même dans ton art.* »

« En dépit de toutes les entraves »

Une fois de plus, ce *finale* est une victoire de Beethoven sur lui-même et sur l'adversité ; de cette fugue échevelée commencée dans le lourd climat du *menuet (coda)*, impatiente, haletante, impérieuse, broyant les obstacles, peu à peu c'est un chant de confiance, de triomphe (contre-sujet à la réexposition) et de joie *(cantus firmus)* qui jaillit et s'épanouit dans cette *coda* dionysiaque. Et c'est à juste titre que reliant le *finale* à l'*allegro* initial par dessus le douloureux *andante*, les musiciens viennois pouvaient nommer ce *Quatuor en ut majeur* le

Le « Quatuor héroïque »

« Quatuor héroïque », à l'instar de la *Troisième symphonie*.

Dixième quatuor en mi bémol op. 74

PLACE DANS LA VIE DE BEETHOVEN

1809

Le *Dixième quatuor* est contemporain du *Cinquième concerto pour piano* et de la *Sonate des Adieux* op. 81. Tous trois sont en *mi bémol*, la tonalité de la *Symphonie héroïque*.

Le siège de Vienne

1809 est l'année de la seconde occupation de Vienne (13 mai) par les armées de Napoléon avant Wagram. Beethoven a subi avec douleur le siège de la capitale, terré dans sa cave pendant les bombardements. Le 31 mai, Haydn est mort.

En lisant ses lettres, on ne peut douter de l'état de prostration où les événements ont plongé Beethoven : « *Depuis le 4 mai, je n'ai presque rien fait qui se tienne... Quelle vie troublée et désordonnée autour de moi, rien que des tambours, des canons, toute sorte de misère humaine* » (26 juillet). « *Je vous écris enfin — quelque repos après la sauvage destruction, après tout le bouleversement imaginable — j'ai travaillé quelques semaines de suite, alors cela semblait davantage destiné à la mort que destiné à l'immortalité... Que dites-vous de cette "paix de mort" ? Je ne m'attends pas à plus de stabilité dans les temps qui viennent ; on a seulement la certitude de l'aveuglement du sort* » (2 novembre). « *Je voudrais seulement avoir traversé l'hiver avec son lourd fardeau pour renaître à nouveau ; le fatal été que j'ai vécu, ainsi qu'un écho plus certain et plus triste de l'extinction de l'antique Patrie encore allemande, bien qu'elle n'ait pas été sans culpabilité, me poursuivent toujours* » (décembre).

« Je voudrais renaître »

D'après les carnets d'esquisses, on pense que le *Quatuor en mi bémol* avait été ébauché avant la guerre. Il fut sans doute écrit d'un trait à l'automne, lorsqu'enfin Beethoven put sortir de Vienne et séjourner à Baden. Comme les six *Quatuors* op. 18, celui-ci est dédié au Prince Lobkowitz.

Rappelons qu'entre les *Quatuors* op. 59 et le *Quatuor* op. 74, ont été achevées, entre autres, les *Cinquième* et *Sixième symphonies*.

L'ŒUVRE

1er mouvement : Poco adagio — Allegro.

Comme le *Neuvième quatuor*, celui-ci débute par une lente et triste introduction, que par deux fois une arabesque de violon tente d'alléger et de faire sortir d'elle-même. Des accords de septième semblent interdire toute issue. Enfin le motif initial, montant péniblement par demi-tons, parvient à s'élever jusqu'à l'air libre.

L'accord parfait alors jaillit, suivi de ses trois notes initiales et le premier thème de l'*allegro* entre en scène, une phrase tendre et allante au premier violon

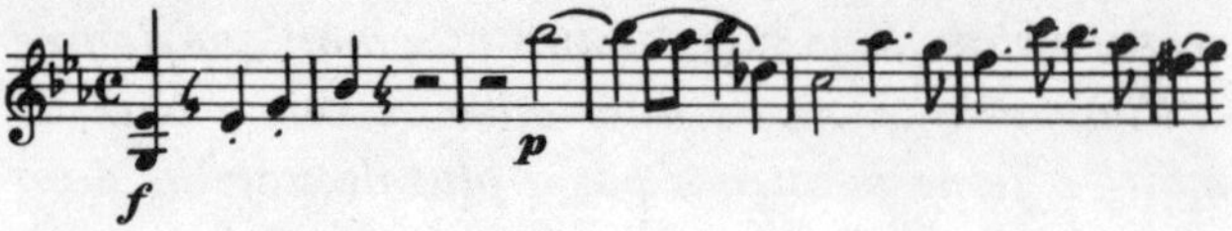

sur un trait fluide du second violon, thème qui semble bien une suite du motif initial ou plutôt une réponse à cette question un peu angoissée, un prolongement de l'effort fait pour se dégager de cette lourde atmosphère.

Quatuor des harpes

Le thème passe à l'alto, puis c'est tout de suite la transition où, sur un accompagnement en notes répétées, alto et violoncelle d'abord, violons ensuite, égrènent en *pizzicati* des notes de l'accord parfait (ce qui a fait donner à cette œuvre le surnom de « quatuor des harpes »). Ce passage très harmonieux est interrompu par des accords violents et quelques notes sombres (rappel de l'introduction), mais la transition reprend, toujours de bonne humeur, et s'enchaîne au second thème, une guirlande de doubles croches jubilantes des basses que reprend le violon et à laquelle il allie un second élément qui fait un bond gracieux (deux octaves)

chante aimablement et conclut avec entrain sur les guirlandes de doubles croches. Une ritournelle pastorale pleine de gaieté

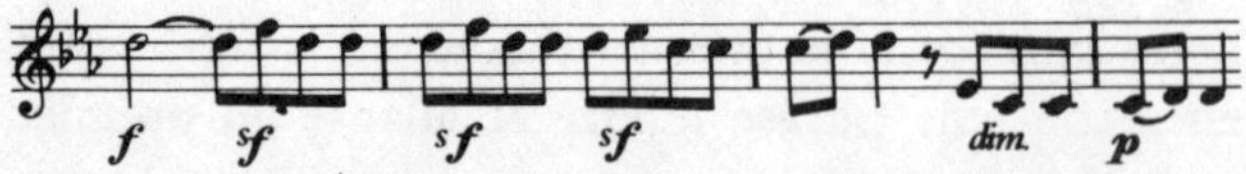

se perd dans le lointain et conclut l'exposition. C'est déjà un peu le climat du *Douzième quatuor*.

Le développement reprend les éléments du début de l'*allegro*, mais bientôt le premier thème se déploie alternativement au violoncelle et au violon, puis aux deux instruments ensemble (par mouvements contraires) sur de vigoureux trémolos des instruments intermédiaires. Il n'en subsiste bientôt plus qu'un frémissement d'insectes dans le vent, tandis que violon et violoncelle échangent des répliques en octaves, conservant le rythme essentiel du thème (croche — noire pointée). Alors dans le calme le plus absolu montent les arpèges de « harpe » qui peu à peu s'accélèrent (noires — triolets de noires — croches — triolets de croches), vont *crescendo* et amènent la réexposition.

Celle-ci n'apporte que peu de changements (preuve qu'il ne s'agit pas là d'un « combat de thèmes » ou d'une progression de pensée comme dans le *Neuvième quatuor*, mais bien d'une page pastorale, contemplative) ; la « harpe » cependant s'égrène plus longtemps (16 mesures au lieu de 8).

Après la ritournelle pleine de gaieté vient un admirable développement terminal ; *pianissimo* reparaissent les échos lointains de la ritournelle sur laquelle le musicien semble rêver inlassablement, puis le début du premier thème en imitations serrées (premier violon d'une part, second violon et alto d'autre part) qui montent *crescendo*, et soudain, sur un dessin de rustiques arpèges du violon, les notes éoliennes de la harpe reprennent, se développent avec feu, ramènent le premier thème qui bientôt s'épanouit en une sorte de splendide cantique, comme un hymne de reconnaissance qui **Cantique** jaillit du cœur. Et la vision se referme sur la ritournelle et les délicieux arpèges de harpe.

2e mouvement : Adagio ma non troppo.

— C'est un *adagio* en forme lied développée, c'est-à-dire avec deux motifs intermédiaires (B et C) encadrés par le motif principal (A — B — A' — C — A" — Coda), mais le retour du motif B dans la *coda* fait songer au rondo-sonate.

Le motif principal (A) est exposé par le violon sur une polyphonie très dense ; une longue mélodie **Tristesse** triste qui se prolonge, avec de lourds *sforzando* et *crescendo* retombant ensuite dans les ténèbres. Le deuxième (B), beaucoup plus solitaire, plus tragique aussi, s'ouvre lentement

et, à la fin, malgré un sursaut, paraît complètement découragé, avec ses imitations et ses syncopes désolées.

Le motif A revient plus animé, sur un accompagnement en triolets, et semble apporter quelque adoucissement ; le troisième (C), au violon, puis au violoncelle, se déploie largement, à découvert, avec une expression d'une profonde dignité.

Il est interrompu par un retour tragique, presque sanglotant du motif A, qui ensuite se redresse et chante au violon avec une expression admirable de confiance, sur un dessin *staccato* en triples croches du second violon et les *pizzicati* de l'alto.

Dans la *coda* reparaît le second motif (B) interrompu par la fin du motif A en imitation ; la conclusion, sur des lambeaux de A, reste indécise et meurt dans un climat toujours incertain.

3ᵉ mouvement : Presto.

Dans le *presto*, on retrouve le rythme initial de la *Cinquième symphonie* (trois croches, une noire pointée), martelé en octaves, comme un tambour battant la charge, suivi d'un trait brisé en éclair

et, au violoncelle, d'un roulement d'orage. Incontestablement, une atmosphère de bataille qu'explique la guerre toute proche. Après la reprise, les quatre instruments répètent neuf fois (à l'unisson) le rythme d'où jaillit comme une flèche ou un javelot invincible un trait extraordinaire du violon (arpège ascendant — saut de quarte — gamme foudroyante)

La guerre

qui se développe ensuite avec un admirable accent de triomphe et se perd dans le rythme. Un instant, des octaves tombent *(piano)* d'un instrument à l'autre, interrompus par le rythme ; puis une mélodie combattante, mais blessée, comme penchant la tête, vient au violon (tandis qu'au second violon grince toujours le rythme crépitant)

se redresse et s'enfuit du champ de bataille sur le

rythme conducteur, tandis qu'à l'horizon poudroie encore le rythme frénétique du violoncelle, *pianissimo*.

Après la reprise de la seconde partie du *scherzo*, voici le *trio (più presto quasi prestissimo)*, non pas une danse aimable, mais un trait formidable, comme un raz de marée au violoncelle

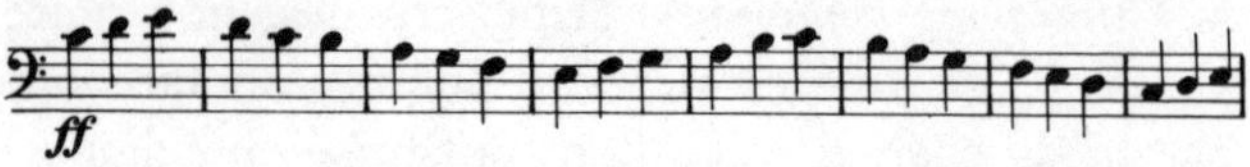

sur lequel se dresse un contre-sujet ou plutôt un *cantus firmus* d'une véhémence superbe qui laboure puissamment le *trio*

tandis qu'inlassable galope le trait initial.

Le *scherzo* est alors recommencé entièrement, sans changement, ainsi que le *trio*. Puis encore une fois le *scherzo* (avec la première reprise) suivi d'une impressionnante *coda* sur le poudroiement frénétique du violoncelle

qui semble comme une ultime menace disparaissant peu à peu dans le lointain. Page toute *pianissimo*, avec de très brefs *crescendo*, qui fait penser à la fin de l'orage dans la *Symphonie Pastorale*.

4e mouvement : Allegretto con variazioni.

La paix

Chose étonnante : on enchaîne ce *presto* à l'*allegretto* final, d'un tout autre caractère. Mais comme cela s'explique vite ! Cet aimable thème pastoral est comme blessé, comme « trempé » par la tornade qui vient de balayer l'atmosphère ; voyez son allure un peu traînante, syncopée, pesamment accentuée sur la première note, ses silences... Il lui faudra quelques variations pour retrouver toute sa sérénité et sa poésie, ce charme fluide du premier mouvement qui va reparaître dans les quatrième et sixième variations.

La *première* variation est un divertissement *staccato* un peu grinçant, mais libéré de toute angoisse. La *deuxième*, chantée d'abord par l'alto, est déjà paisible. La *troisième*, en doubles croches, piquée d'accents à contretemps, est un joyeux remue-ménage.

La *quatrième* est pleinement détendue, d'un calme profond. La *cinquième*, en arpèges au violon, sur les accents puissants des basses, est d'une rude allégresse, comme une danse rustique. La *sixième* est merveilleuse, « la plus ensorcelante, où s'épanouit un jardin d'Armide, plein de délices d'harmonies où l'âme chavire voluptueusement » (R. Rolland) ; sur les légers trémolos du violoncelle, les trois autres instruments murmurent (par mouvements contraires) une mélodie de faible amplitude en notes répétées, qui, à nouveau (voir *Cinquième quatuor*) fait songer aux « murmures de la forêt ».

Le jardin d'Armide

Mais la *coda* est plus extraordinaire encore ; de cette forêt qu'animent maintenant la voix grave de l'alto, puis les traits jubilants du violon, surgit bientôt on ne sait d'où une mélodie-fée, une exquise ritournelle qui, dans un mouvement toujours accéléré, fait danser vivement les trois premières notes du thème.

Et la fin arrive au grand galop d'arpèges brisés, puis d'un trait en doubles croches à l'unisson (analogue à celui de la troisième variation).

Dégrisé de l'héroïsme

— Le ton de l'op. 74 est assez différent de celui des *Quatuors* op. 59, mais comme il est différent surtout du *Concerto pour piano en mi bémol* de la même année, écrit avant le siège de Vienne ! Il y a loin de cette grandiose bravoure patriotique à l'humble bonheur qui lutte dans le *Quatuor en mi bémol* pour ne pas se laisser submerger. C'est l'œuvre d'un homme dégrisé de l'héroïsme par les horreurs de la guerre. Assez de guerre, assez de bravades ; au sortir du fatal été, Beethoven recherche la contemplation, la fraîcheur de la nature immuable et sereine. Beethoven n'est pas un foudre de guerre et s'il a passé ses journées dans la cave pendant le siège, la tête enfouie sous des coussins, ce n'est peut-être pas uniquement pour protéger ses oreilles malades, comme le prétend le compatissant Wegeler. Mais qu'importe ? Il sait bien que le véritable héroïsme est intérieur, il le sait depuis la *Symphonie héroïque* qui n'est en définitive que la sublimation d'une crise intime ; il sait bien qu'il n'est pas fait pour les batailles, le clairon et le tambour (*La Bataille de Vittoria* le dira assez), mais que son héroïsme, c'est celui de Léonore, d'Egmont, de Coriolan, celui de Beethoven acculé au suicide et triomphant du monde. Devant la guerre, malgré quelques palinodies, il est sans armes, plongé dans la détresse (dont témoigne l'*adagio*), et seule la Nature peut le rendre à lui-même. C'est là sans doute le sens de ce *Quatuor*, de l'*introduction* suivie de l'*allegro*, du *presto* effacé par l'*allegretto con variazioni*. Et peut-être Beethoven a-t-il senti à cette époque toute la distance, la différence qu'il y avait entre la bravoure physique et l'héroïsme intérieur, lui qui griffonnait sur les esquisses du *Concerto en mi bémol* : « Chant de triomphe pour le combat ! — attaque ! — victoire ! » et qui termine son quatuor de l'année guerrière par un *allegretto con variazioni* aspirant à la sérénité.

Onzième quatuor en fa mineur op. 95

PLACE DANS LA VIE DE BEETHOVEN

En mai 1810, Beethoven commence le *Quatuor en fa mineur* qu'il achèvera en octobre ; l'œuvre ne sera jouée par le Quatuor Schuppanzigh qu'en 1814 et éditée qu'en décembre 1816 (ce qui explique son numéro d'opus qui le reporterait après les *Septième* et *Huitième symphonies* de 1812 et la *Sonate* op. 90 de 1814). **1810**

Le *Onzième quatuor* est lié à un événement dramatique de la vie sentimentale de Beethoven : l'écroulement de ses projets de mariage avec Thérèse Malfatti à la mi-mai. Une lettre à Gleichenstein (futur beau-frère de Thérèse) montre combien **Thérèse Malfatti** l'atteignait cette nouvelle déception : « *La nouvelle que tu me donnes m'a précipité des régions de la plus haute extase dans une chute profonde. Pourquoi donc ajouter que tu me feras dire quand il y aura de la musique à nouveau ? Ne suis-je donc absolument rien d'autre que ton musicien ou celui des autres ? — c'est ainsi du moins que cela s'explique. Je ne peux donc chercher un point d'appui qu'au plus profond, au plus intime de mon être ; ainsi à l'extérieur il n'y en a absolument aucun pour moi. Non, rien que des blessures pour moi dans l'amitié et les sentiments du même genre. Qu'il en soit ainsi pour toi, pauvre Beethoven, il n'y a pour toi aucun bonheur de l'extérieur, c'est toi qui dois te créer tout en toi-même, seulement dans le monde idéal tu trouveras des amis.* »

Bettina Brentano

Pourtant le ciel lui enverra une précieuse consolatrice qui illuminera ces heures désolées, Bettina Brentano, l'amie de Gœthe, dont il fait la connaissance en mai et pour laquelle il éprouvera bientôt plus que de l'amitié. Et il lui écrira le 11 août, en une lettre dont l'authenticité n'est plus guère discutée : « *Très chère Bettina ! Pas de printemps plus beau que celui de cette année, je vous le dis et je le sens aussi, parce que j'ai fait votre connaissance. Vous avez vu vous-même que je suis en société comme un poisson sur le sable ; il se retourne, se retourne et ne peut s'en aller, jusqu'à ce qu'une bienfaisante Galatée le rejette dans la puissante mer. Oui, j'étais bien au sec, chère Bettina, j'ai été surpris par vous dans un instant où le découragement était tout à fait mon maître, mais véritablement il s'est évanoui à votre vue, j'en ai été tout à fait débarrassé ; vous êtes d'un tout autre monde que de ce monde absurde auquel, avec la meilleure bonne volonté, on ne peut ouvrir les oreilles. Je suis un homme misérable et je me plains des autres...* »

C'est dans cet état de tension, où alternent dépression et surexcitation, que naît le *Quatuor en fa mineur*. Pour que nul ne s'y trompe, Beethoven l'a intitulé « Quartett serioso ».

« Quartett serioso »

PLACE DANS L'ŒUVRE DE BEETHOVEN

L'année 1810 est placée sous le signe de Gœthe. Déjà au moment du *Quatuor* op. 74, on trouvait diverses esquisses de lieder de Gœthe et, sur le manuscrit même, l'indication : « Partition pour *Egmont* ». Celle-ci fut composée pendant l'hiver 1809-10, ainsi que six lieder sur des poèmes de Gœthe (op. 75 et 83). Il écrit, en 1810, quelques autres lieder et le *Onzième quatuor*, dont le *finale* est, selon Romain Rolland, « une deuxième ouverture d'*Egmont* ».

Sous le signe de Gœthe

L'ŒUVRE

1er mouvement : Allegro con brio.

— Le premier mouvement est d'une concentration extrême (avec un développement très bref). Les oppositions sont brutales, les motifs s'entrechoquent, et même à l'intérieur du sujet principal.

Le premier motif est empreint d'une véhémence particulière ; il tourne sur lui-même avec force, comme un lion en cage, pour revenir à son point de départ. Un silence, puis ce sont de violents accents d'octaves montants et descendants sur un rythme impérieux.

Un lion en cage

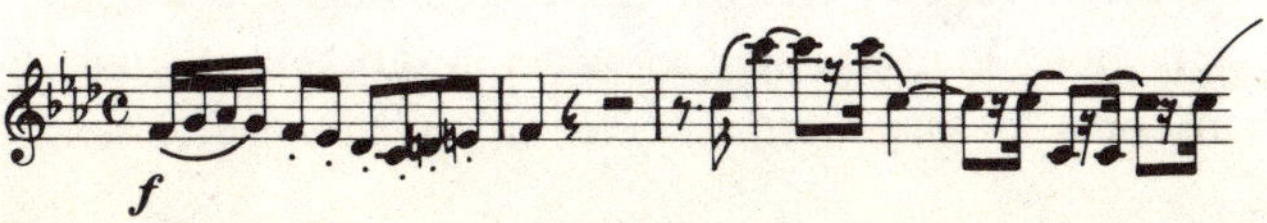

Ce motif tournoyant (au violoncelle) est stoppé par quelques notes pensives des violons et alto ;

un instant, on reste dans l'indécision ; puis, sur un trait ascendant du violoncelle, monte une phrase plaintive

qui plane au-dessus du motif tournoyant à l'alto, bientôt clamé avec obstination par les quatre instruments et achevé en gammes déferlantes. Le violon chante alors une brève transition, précédant tout de suite le deuxième sujet : sur une douce guirlande de triolets, aux basses, se développe au premier violon une belle phrase (dérivée sans doute du motif plaintif).

Mais elle est bien vite balayée par une cadence forcenée sur le motif tournoyant, amenant par deux fois une brutale gamme ascendante (de *la majeur*, puis de *ré*) et toute la seconde partie du premier sujet qui rayonne à la fin dans une atmosphère apaisée sur un murmure de basse.

Cette sérénité difficile à conquérir est effacée d'un trait par le formidable accord de *fa majeur* qui ouvre le développement suivi, bien entendu, du motif tournoyant, plus furieux que jamais, inlassablement répété, livrant ensuite un duel acharné à son motif conséquent (les accents d'octaves), malgré un bref passage *pianissimo* en rapides battements d'octaves. Développement abrupt, d'une violence inouïe, très resserré, qui débouche aussi brusquement qu'il est arrivé sur la réexposition.

Le premier sujet est lui aussi très resserré ; il ne reste que le motif initial répété trois fois, mais toute la suite reprend à peu près le plan primitif.

Le développement terminal (désormais classique) n'est pas moins violent que le précédent ; il est établi sur le premier motif dans toute son ampleur, avec son dessin tournoyant en doubles croches et croches, et les accents d'octaves, rappelés ici par de durs *sforzando* en syncopes et des contretemps qui semblent perdre le souffle. Le mouvement se termine *pianissimo*, comme épuisé par cette terrible lutte.

2e mouvement : Allegretto ma non troppo.

— C'est une vision très douce, un peu nostalgique, qui succède à cette lutte pleine de nervosité ; autant la forme de l'*allegro* était contractée, le style heurté, autant ce lied s'étale harmonieusement et à loisir. **Lied**

L'*allegretto* débute par une introduction de violoncelle qui descend lentement par degrés un fragment de la gamme de *ré* et remonte au *la* par deux légères notes piquées. Puis, sur un accompagnement fluide du second violon et de l'alto, le violon chante une mélodie (où l'on reconnaît les deux légères notes piquées du violoncelle) qui se déploie avec douceur.

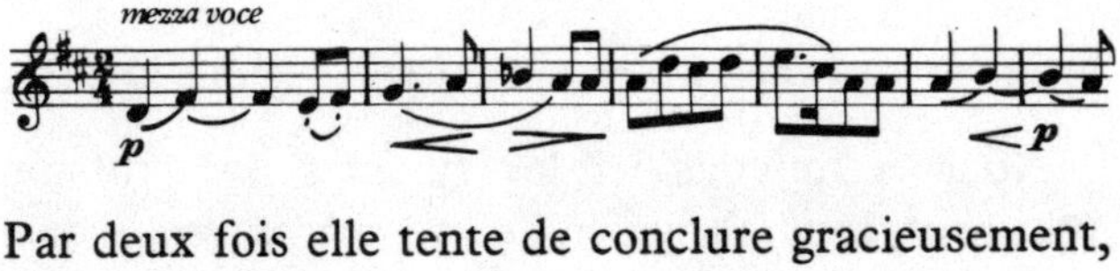

Par deux fois elle tente de conclure gracieusement,

mais des accords mornes l'interrompent ; enfin, elle atteint à une large et noble cadence.

Voici maintenant le thème intermédiaire du lied, un thème de fugue un peu contourné, assez chromatique, présenté par l'alto

repris en *fugato* par le second violon, le violoncelle, enfin le premier violon. Épisode plein de tristesse, comme une danse lente qui « cherche en tâtonnant

Eurydice

à saisir la plaintive Eurydice, qui toujours se dérobe à la main » (R. Rolland). L'introduction de violoncelle rentre alors *pianissimo* sur de longues tenues plaintives des autres instruments. Le *fugato* revient ensuite, mais orné d'un contre-sujet *staccato* du violon

et atteint à une grande expansion, tandis que plane en larges battements d'ailes au violon un élément du thème initial.

Et c'est une sorte de réexposition, avec à nouveau l'introduction de violoncelle ; mais le premier thème revient maintenant à l'octave supérieure, avec quelques fioritures. Après les deux conclusions manquées, la mélodie reprend très intense, superposée au *fugato* central, pour s'achever en une majestueuse *coda*. Quelques notes égrenées rappellent l'introduction et (par un accord de septième diminuée) l'*allegretto* s'enchaîne avec le *scherzo*.

3ᵉ mouvement : Allegro assai vivace ma serioso.

Nous retrouvons ici les rythmes durs, le ton véhément, la surexcitation du premier *allegro*, auquel

Cauchemar

l'*allegretto* n'a apporté qu'une accalmie passagère. Le *scherzo* est construit sur un motif de quatre notes, d'un accent presque désespéré, au rythme fébrile, qui se répète, coupé de silences

puis descend vivement plusieurs octaves, fouetté par les contretemps du second violon et de l'alto. Puis deux figures sur ce même rythme s'opposent, l'une montante, l'autre descendante, triomphant tour à tour ; et ce discours haché, « désordonné », donne une impression instable, comme de cauchemar. Le *scherzo* est repris.

Une main divine sur un front brûlant

Alors vient un admirable *trio*, comme une main divine qui impose la paix sur un front brûlant. Un choral plein de lumière, en valeurs longues, se développe sur un accompagnement du premier violon à base d'arpèges.

C'est un chant très vaste, franchissant les tonalités comme les sept portes du ciel, annonçant toutes les promesses de la joie, à travers ses deux apparitions successives, coupées par un retour du *scherzo*, qui reviendra une dernière fois, plus rapide, pour conclure, abolissant ainsi l'effet du *trio*.

4e mouvement : Larghetto espressivo — Allegretto agitato.

Une lente introduction en accents désolés, sur des octaves montantes qui retombent, précède le *finale* en forme de rondo-sonate.

Le thème principal, le refrain, est fait de deux

Danse de mort

éléments, quatre groupes de deux croches à la tierce, tirés de la retombée des octaves de l'introduction, formules mélancoliques et mornes, puis une mélodie qui tente de se redresser, mais toujours retombe.

Sur un rythme tournoyant fait pour la joie, il est peu de motifs aussi désenchantés. Il s'interrompt sur des trémolos, une gamme chromatique et un accord sec, puis repart une octave plus bas (avec au second violon un dessin ondulant en doubles croches comme le murmure inexorable du rouet), atteint à une expression intense (avec des *sforzando* sur les temps faibles). Nouveaux trémolos, très véhéments, sur lesquels le violon et le violoncelle jettent quelques accents éperdus, qui se dénouent en une phrase fiévreuse en imitations avant la gamme chromatique.

Alors vient le couplet, très court, une phrase énergique,

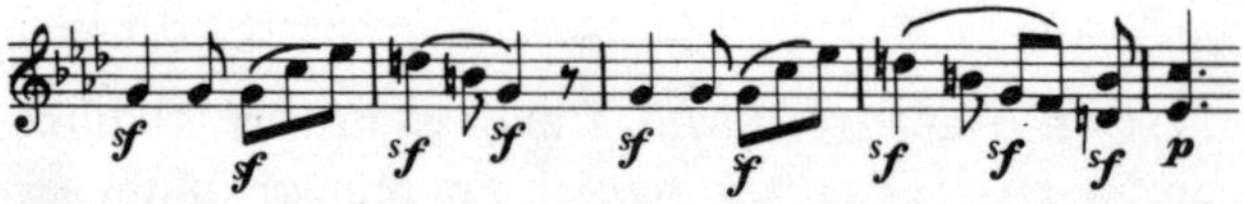

qui semble quelque double du refrain (second élément) ou plutôt sa contrepartie, car il lutte violemment sur les trémolos du premier violon. Mais très vite, le refrain reprend sa danse de mort, comme résigné, en proie à l'angoisse dans le développement qui suit, haché de durs accents, exhalant parfois quelque plainte.

Implacable le mouvement se poursuit, trémolos

avec les accents du violon et du violoncelle, brève apparition du couplet combattant, refrain à nouveau.

Mais cette fois, le refrain semble vaincu. Quelques notes à peine surnagent du désastre. Des accents plus violents luttent encore

contre l'inexorable sentence que proclame *fortissimo* le chœur formé par le second violon, l'alto et le violoncelle en valeurs longues, puis tout s'éteint sur un dernier motif désolé. Une fois donc, Beethoven se déclarerait vaincu ?

Mais non, comme dans l'*Ouverture d'Egmont* justement évoquée, du *pianissimo* jaillit soudain une mélodie pétillante, avec des accents de triomphe, qui bondit en un trait ultra-rapide sur un accompagnement en notes répétées et finit le *Onzième quatuor* en dansant de joie. Le contraste est même presque trop brutal de la sombre et grandiose désespérance de l'*allegretto agitato* à cette conclusion brillante, à la limite d'un final d'opérette...

Happy end

Conclusion

Malgré son heureux épilogue, le *Quatuor en fa mineur* tranche sur ses devanciers par un pessimisme qui prouve la violence du coup que Beethoven venait de subir. Dans aucun des mouvements, sinon le dernier (mais de façon un peu artificielle, malgré le souvenir d'*Egmont* qui a sans doute servi

Pessimisme

de support à ce « happy end » inattendu), nous ne trouvons ce sursaut de Beethoven contre la Destinée, cette certitude de vaincre qui était depuis la *Symphonie héroïque* sa raison d'être. Et l'admirable lueur de rédemption qui éclaire le *trio* du troisième mouvement ne parvient pas comme ailleurs à apprivoiser le *scherzo*. C'est bien là un indice de cette crise qui frappera Beethoven pendant les années suivantes, crise morale qui laisse intact le métier mais tarit la source, et dont il ne sortira péniblement que par une nouvelle naissance. Ce seront alors les œuvres suprêmes, pour notre propos les six derniers quatuors.

Revenant sur les quatuors de la maturité, il nous faut constater d'abord l'abîme qui les sépare des *Quatuors* op. 18, malgré la beauté de certains de ceux-ci. Leur disparate indiquait bien qu'il s'agissait de tentatives, de preuves à fournir, sur lesquelles le génie de Beethoven greffait parfois d'admirables poèmes (*allegro* du *Quatrième quatuor*, par exemple). En revanche, les quatuors de la maturité sont des quatuors d'expression personnelle relevant du registre le plus intime, au même titre que les sonates de piano et sur un plan moins « officiel » que les symphonies.

Du registre le plus intime

Du *Quatuor n° 9*, nous avons dit qu'il était une méditation sur l'action ; au centre de ces quatuors, il en est bien le pivot. Si l'on peut schématiser des œuvres d'une telle densité, nous répéterons que le *Septième quatuor* est avant tout une œuvre de libération (comme *Léonore*), la recherche d'une issue à la vie intérieure de l'homme enfermé dans un monde clos, aux prises avec ses fantômes et ses démons ; l'*adagio* s'achève par le chant de l'alouette qui annonce le jour, et le *finale* débouche sur la joyeuse exultation de l'homme délivré qui a rejoint l'humanité simple et rustique. L'*allegro* du *Huitième quatuor* ressortit au même climat, mais l'œuvre entière n'a pas la même unité que la précédente ; elle est caractérisée surtout par la méditation de l'*adagio* sur « l'harmonie des sphères » et par une apothéose du rythme de caractère un peu batailleur qui n'est pas sans quelque naïveté. Le *Neuvième quatuor* marque le point culminant de cette période (dans le domaine du quatuor, bien entendu) ; Beethoven semble avoir définitivement triomphé du doute, de cette mélancolie qu'il redoutait plus que tout, et avoir atteint la pleine possession de lui-même, une stabilité qu'il croit peut-être définitive. Mais les *Quatuors nº 10* et *nº 11* sont sur la pente descendante ; il est certain, comme l'a indiqué Romain Rolland, que la défaite de l'Autriche, la prise de Vienne ont été pour lui une épreuve terrible ; Beethoven en sort brisé et tout est remis en question. Le recours à la nature consolatrice n'est qu'un expédient, comme le prouve le dramatique *Quatuor en fa mineur* op. 95, nerveux et déprimé. Un dernier drame, la mystérieuse catastrophe de 1812, achèvera de l'abattre. Tout l'édifice est à reconstruire.

Il faut lire dans les grandes biographies de Beethoven, l'évocation des années 1813-1818, pauvres **1813-1818** en œuvres, mais riches en documents intimes, qui témoignent de la profondeur du désastre et décrivent la remontée vers la lumière.

Les derniers Quatuors

op. 127, 130, 131, 132, 133, 135

AU TEMPS DE LA NEUVIÈME SYMPHONIE

Les cinq derniers *Quatuors* et la *Grande Fugue* (qui servait de *finale* au *Treizième quatuor* et fut ensuite publiée indépendamment) sont aussi les dernières œuvres composées par Beethoven, mis à part un *Andante maestoso* pour quintette à cordes achevé en février 1827.

Ils viennent immédiatement après la *Neuvième symphonie* op. 125 et se succèdent ainsi : *Douzième quatuor en mi bémol* op. 127 (achevé en octobre 1824), *Quinzième quatuor en la mineur* op. 132 (août 1825), *Treizième quatuor en si bémol* op. 130 (octobre 1825, mais le final actuel date d'octobre 1826), *Grande fugue en si bémol* op. 133 (octobre 1825), *Quatorzième quatuor en ut dièse mineur* op. 131 (juillet 1826), *Seizième quatuor en fa majeur* op. 135 (octobre 1826). Le numérotage des éditeurs ne correspond pas à la chronologie exacte que nous préférons suivre ici, la composition du *Quinzième quatuor* relevant en partie de circonstances précises de la vie de Beethoven.

La *Neuvième symphonie* était l'apothéose finale d'une grande période de création qui avait vu naître entre autres les *Sonates* op. 106, 109, 110 et 111, les *Variations sur un thème de Diabelli* et la *Messe en ré*. Non qu'il considérât la *Symphonie avec chœurs* comme le couronnement de son œuvre orchestrale, mais avant d'écrire son *Faust*, sa *Dixième symphonie* et son *Requiem*, son génie éprouvait la nécessité ou simplement le désir de se recueillir, de changer d'instrument.

Le désir de se recueillir

Dès le 5 juin 1822, en effet, au moment où il achève la *Messe en ré*, il songe à un quatuor qu'il propose à l'éditeur Peters *(« Vous pourriez le recevoir bientôt »)* et la lettre du prince russe Nicolas Galitzine qui lui demande, en novembre, de composer trois quatuors (qu'il se fera « un plaisir de lui payer au prix que Beethoven jugera à propos de lui fixer ») ne fait que renforcer sa résolution. Mais il est alors plongé dans la *Neuvième symphonie*, achevée seulement en février 1824.

Cependant la pensée de ces quatuors ne le quitte pas et il semble bien qu'elle l'excite grandement ; le 25 février 1823, il accepte d'en composer trois autres pour un mécène anglais, sir Charles Neate et le 16 juillet de la même année, il dit dans une lettre à Ries : *« J'écris aussi un nouveau quatuor pour instruments à cordes »*, anticipant quelque peu puisqu'il est dans la fièvre de la *Neuvième symphonie* (mais il est probable qu'il esquisse alors le premier mouvement du *Douzième quatuor* et l'on a retrouvé au milieu des essais de l'*Ode à la Joie* le thème du *finale* du *Quinzième quatuor*). Le retour de son ami Ignaz Schuppanzigh, après sept ans d'absence en Russie, en avril 1823, dut aussi raviver le goût de Beethoven pour une forme où il avait de si bons défenseurs, d'autant que le Quatuor Schuppanzigh tout de suite donne à Vienne ses *Huitième* et *Dixième quatuors*.

Ainsi à peine a-t-il achevé la *Neuvième sympho-*

nie qu'il travaille au *Douzième quatuor* dont les esquisses suivent immédiatement. Et deux ans et demi durant, Beethoven se consacrera uniquement au quatuor.

Douzième quatuor en mi bémol op. 127

BEETHOVEN EN 1824

Les textes relatifs à l'année 1824 nous montrent un Beethoven en pleine force créatrice, composant dans l'enthousiasme (« Beethoven travaille dans le délire de sa joie et dans la joie de son délire », dit un de ses amis). Un des documents les plus intéressants nous est fourni par un fabricant de harpes de Londres, Stumpff, qui rapporte les propos que Beethoven lui aurait tenus au cours d'une promenade près de Baden, en septembre ; si la forme en est discutable, le fond du moins paraît authentique et la rêverie beethovénienne rejoint celle du *Douzième quatuor* : « *Je suis obligé de me recréer dans la nature immaculée et de me purifier l'esprit ! Venez voir avec moi mes amis qui ne changent point, les verts bocages, les arbres élancés, les fraîches retraites où bruissent les ruisseaux..., les ceps de vignes qui, des collines, tendent leurs grappes au soleil... Oui, mon ami ! Là il n'y a ni jalousie, ni fourberie... Ici entouré de tous ces êtres, je m'assieds souvent pendant des heures, et mes sens se baignent dans le spectacle de cette création continue*

« Le délire de sa joie »

Rêverie à Baden

de la nature. Ici, la majesté du soleil ne m'est pas cachée par un sale toit, fabriqué par les hommes. Ici, le ciel bleu est mon toit. Le soir, quand je contemple avec stupeur l'armée des corps lumineux, qu'on nomme soleils ou terres, éternellement gravitants dans leur orbite, mon esprit s'élance au-delà de ces étoiles éloignées de tant de milliers de milles, jusqu'à la source première d'où tout ce qui fut créé ruisselle et d'où ruisselleront éternellement de nouvelles créations... Lorsqu'ensuite je cherche, par intermittence, à donner une forme musicale à mes sentiments exaltés, ah ! je me trouve terriblement déçu : je jette à terre, plein de dépit, ma feuille barbouillée, et je me sens fermement convaincu que pas un fils de la terre n'est en état de représenter par les sons, les mots, la couleur ou le ciseau, les tableaux célestes qui ont flotté devant son imagination exaltée, dans une heure de félicité... Oui, d'en haut vient certainement ce qui doit toucher le cœur ; autrement ce ne sont que des notes — des corps sans âmes... L'esprit doit s'élever de la terre, où, pour un certain temps, l'étincelle de Dieu a été bannie, et, semblable au champ de labour auquel le paysan confie la précieuse semence, il doit fleurir et porter beaucoup de fruits, et, ainsi multiplié, remonter vers la source d'où il est venu. Car ce n'est que par son travail opiniâtre avec les forces qui lui sont prêtées que la créature honore le Créateur et Conservateur de la Nature infinie... »

« L'armée des corps lumineux »

« L'esprit doit s'élever de la terre »

L'ŒUVRE

1er mouvement : Maestoso — Allegro.

Maestoso

Le *Douzième quatuor* débute par une courte introduction *maestoso* qui reparaîtra deux fois pour marquer les étapes du développement, ouverture en riches accords dorés par la tonalité héroïque de *mi bémol*, avec de puissants *sforzando*, où passe comme la victorieuse assurance de celui qui vient d'achever l'*Hymne à la Joie*. Mais vite sur une ébauche de trille s'enroule le premier thème, une phrase fraîche et sereine (reprise par l'alto), qui va *crescendo* et se mue en une chanson joyeuse

bondissant au premier violon sur les batteries crépitantes du second violon et de l'alto, avec une conclusion où les *sforzando* sur le premier temps rappellent ceux de l'introduction. Une transition *piano*, sur le même motif, d'abord au violoncelle, puis en imitations, mène au second thème

une phrase un peu mélancolique au violon (avec des figurations plaintives aux second violon et alto) à laquelle se mêle étroitement la figure initiale du premier thème ; le second violon reprend la phrase, puis l'exposition s'achève par une cadence très douce sur deux éléments du thème initial, butant à trois reprises (avec des trilles aigus) sur des groupes de trois notes répétées.

Alors revient (en *sol majeur*), forte et rayonnante, dissipant ces ombres légères, l'introduction

Maestoso *maestoso*, et c'est un admirable développement sur le premier sujet : la mélodie rentre sereine, puis ses trois notes initiales évoluent à travers le quatuor en un discours rigoureux et ferme, montant par deux fois du *piano* au *forte* pour aboutir à de larges appels du violon, qui semblent conclure ; mais la montée du motif initial reprend et débouche cette fois sur de vigoureux accents de septième, accompagnés d'accords et d'arpèges *staccato* qui secouent le quatuor, rappelant sans doute par leur effet de contraste le deuxième élément du premier sujet (la chanson et les batteries crépitantes) pour conclure avec les trilles qui achevaient l'exposition.

Ce puissant épisode amène une nouvelle fois, avec des accents plus triomphants encore, en *ut*
Maestoso *majeur*, l'introduction *maestoso*. Mais le développement n'est pas fini et le premier thème reparaît avec un délicieux contrepoint *staccato* (issu de son deuxième élément) qui lui donne une allure légère et pimpante, suivi d'un bel épisode modulant sur un motif têtu, très beethovénien, tour à tour *forte* et *piano*, avec des *sforzando* sur le temps faible (comme dans l'introduction).

Et c'est la réexposition qui se déroule normalement marquant toutefois le triomphe du deuxième élément joyeux du premier sujet, très allongé, tandis que le second thème (plus orné) et la cadence ont pris une expression toute sereine.

Une très belle *coda* (ou développement terminal) ramène encore le premier thème (en mélodieuses imitations), sur lequel plane une phrase en valeurs longues, comme un *cantus firmus* (qui était déjà présente dans le premier développement), et le mouvement s'achève dans cette sérénité plénière vers laquelle depuis le début il tendait.

— L'admirable richesse du travail thématique

dans cet *allegro* décourage l'analyse qui en laisse échapper toute la subtilité et les nuances. Et non moins subtile est la nuance du sentiment qui s'y exprime. Si, apparemment, comme c'est le propre de la forme-sonate beethovénienne, un « combat » s'y livre entre la sérénité et la mélancolie, on est fort loin de l'âpreté des luttes qui marquaient les quatuors de la maturité. Il n'y a pas ici de véritable débat. La certitude, la sérénité sont déjà établies dans l'introduction (qu'on songe à l'inquiétude, à l'incertitude de celles des *Neuvième* et *Dixième quatuors*, de l'introduction du *finale* du *Onzième quatuor*) et par deux fois seront réaffirmées ; et tout l'*allegro* n'est que le jeu où se mire un état d'âme aux reflets divers, riche en souvenirs, parfois mélancoliques, mais toujours fondé sur le roc inébranlable de la paix.

Sérénité

2e mouvement : Adagio, ma non troppo e molto cantabile.

— Vincent d'Indy considère cet *adagio* comme une des pages les plus représentatives de la grande variation beethovénienne ; le musicien en a longtemps travaillé le thème sans y attacher d'abord la signification profonde qu'il revêt maintenant (il aboutissait à un épisode en marge duquel Beethoven écrivit : « La gaieté... »), mais peu à peu, à force d'esquisses, les ressources expressives se révélèrent à lui et c'est sans doute à cette lente maturation qu'est due la mystérieuse intensité de cette méditation. Peut-être le rythme constant et irrégulier de ce thème (noire — croche — noire — croche — noire) a-t-il rappelé à Beethoven la pensive arabesque du violon dans l'*adagio* du *Huitième quatuor* (croche pointée — double croche — croche pointée — double croche...) ; l'analogie en tout cas est

La grande variation

frappante et suggère ici comme là une méditation sidérale qui s'accorde avec le récit de Stumpff cité tout à l'heure.

Le silence de la nuit

Les longues tenues, à peine tressaillantes en légères syncopes, qui s'étagent au violoncelle *(mi bémol)*, à l'alto *(ré bémol)*, au second violon *(si bémol)* et au violon *(ré bémol)* traduisent ce silence de la nuit, d'où sourd le thème qui gravit un à un les degrés de la gamme puis se déploie en une lente arabesque.

Le violoncelle mêle sa voix calme à celle du violon, qui énonce ensuite la seconde partie du thème sur un accompagnement en notes répétées des instruments intermédiaires, toujours selon le même rythme. Ici encore le violoncelle rentre, en mouvement contraire du violon, puis le dialogue s'étoffe de réponses du second violon et de l'alto, s'ouvre plus largement et se referme.

Dans la *Première variation*, le rythme s'est assoupli, est devenu fluide (avec l'entrée de doubles croches accentuant le glissement des croches du rythme initial)

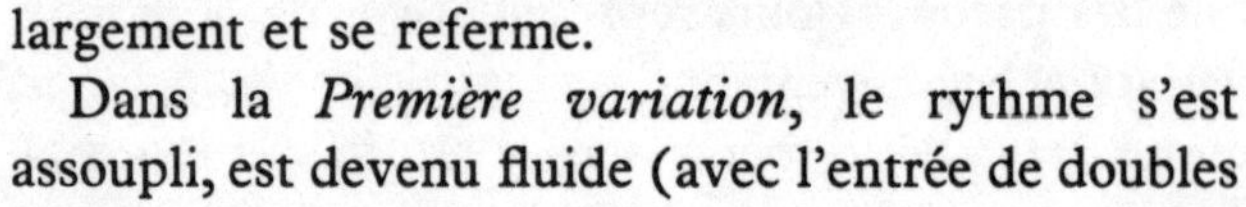

et la polyphonie s'est élargie ; tous les instruments chantent maintenant et la méditation se déploie, s'intensifie en phrases souples qui s'ouvrent et se referment par de courts *crescendo* ou *diminuendo* ; on ne retrouve plus le thème, mais seulement son mouvement général. La seconde partie est plus mouvante encore, d'un accent plus pénétrant, monte jusqu'à l'extrême aigu et retombe.

La *Deuxième variation* disloque le rythme et a cette allure un peu cahotante et « dialectique » de certaines variations de transition chez Beethoven (*andante* du *Cinquième quatuor*, *finale* du *Dixième*).

Les deux violons se livrent à un dialogue serré, très syncopé, en triples croches, sur un accompagnement sec et bien rythmé, un peu caricatural, des basses. (On dirait quelque petit orchestre campagnard où les solistes rivalisent de mélodies aigrelettes sur la basse rythmique imperturbable et indifférente du gros de la troupe). Mais ces variations de contraste, menées de main de maître, présagent toujours les pages les plus pures.

Musiciens de village

Dans la *Troisième variation* en effet arrive « celui qui devait venir », non pas le thème initial, mais sa plus profonde expression (comme dans les variations du *Dixième quatuor*, il semble que le vrai sujet ne soit pas le thème, mais sa transfiguration centrale, où la mélodie est « dématérialisée, ramenée à ses éléments essentiels, dépouillés de leurs ornements », dit Vincent d'Indy). Après deux notes qui brisent net le divertissement campagnard, c'est un admirable cantique

Cantique

qui s'élève au violon (avec une polyphonie extraordinairement concentrée) et se déploie dans la seconde partie en d'intenses *crescendo* d'un lyrisme vraiment prodigieux.

Redescendant d'un demi-ton (de *mi majeur* au *mi bémol* originel), la *Quatrième variation* s'établit sur un rythme de triolets. Le chant qui se développe en de lents dessins, tantôt au premier violon, tantôt au violoncelle, est contrepointé par des arabesques d'arpèges *staccato* et d'étonnantes formules en trilles.

Page d'une incomparable magie sonore, comme une évocation de la nuit étoilée, où, dans la seconde partie, le profond lyrisme du chant remplit les trois instruments graves en mouvements parallèles, tandis que danse, immatérielle, la formule en trilles au violon. Le chant se tait, les trilles hésitent, tandis que les trois notes de la fin du thème rêvent encore, puis tout s'efface.

Danse immatérielle

Et c'est alors la *Cinquième variation* (où l'on voit parfois un « conduit », un épisode de passage) qui revient au rythme initial, dans toute son ascétique rigueur : l'un de ces lieux pleins de mystère (comme la *Vingtième variation-Diabelli*) où le discours se dénoue, se sublimise, accède à un niveau supérieur ; et l'on perçoit cette mutation entre la première et la seconde partie de la variation où à la marche alternée, indécise des voix, succède leur marche parallèle (avec la même intensité que dans la variation précédente).

Un lieu plein de mystère

Après une montée de trilles du premier violon, la *Sixième variation* s'épanouit en de longues guirlandes mélodieuses d'abord au violon puis aux autres instruments. Soudain elle s'interrompt ; un moment reparaît la formule en trilles du violon et les triolets en notes répétées de la *Quatrième variation*, tandis que sonnent au violoncelle, en *pizzicati*, les trois notes étoilées, qui à la fin

Trois étoiles

demeurent seules (avec la merveilleuse lumière, un instant, d'une enharmonie : *la bémol — sol dièse*). Puis l'*adagio* s'éteint sur une dernière guirlande rêveuse.

3e mouvement : Scherzando vivace.

Le *scherzo* s'ouvre sur quatre légers accords en *pizzicati*. Le violoncelle présente la « cellule » rythmique qui va animer tout le mouvement, un motif sautillant et nerveux comme une danse de Puck, *staccato* **Puck**

deux fois répété avec de brèves interruptions, qui se poursuit avec des trilles, tandis que l'alto répond avec le même motif en mouvement contraire. Petit dialogue du quatuor sur les trilles et la cellule rythmique, puis un vigoureux dessin de trois notes fait irruption et se développe en un trait *staccato* aux basses, tandis que le violon grimpe allégrement sur le rythme conducteur.

Cette partie est reprise, puis vient un développement en quatre courtes périodes : la première affirme avec force le rythme à l'unisson, la deuxième est un léger ballet sur le motif initial, la troisième développe encore l'affirmation du rythme de façon têtue (comme dans le *finale* de la *Septième symphonie*) ; dans la quatrième, une phrase étrange, « menaçante », monte des basses et s'oppose par deux fois au premier motif qui prend un air malicieusement suppliant, puis repart joyeux et gambadant — ce n'était qu'une farce ! — pour un nouvel épisode, où il lutte avec de brèves interjections d'octaves sur le début du rythme (double croche — noire) : c'est une sorte de réexposition **Comédie** (avec le retour du vigoureux dessin de trois notes) suivie d'une *coda*, toujours sur le même rythme aux ressources inépuisables, semble-t-il.

Du fond de l'horizon

Pourtant il s'éloigne, se perd dans le lointain, pour laisser place à un admirable *trio* ; celui-ci arrive de l'horizon à une vitesse fulgurante sur un crescendo de notes répétées et se déroule en une merveilleuse guirlande du violon, pleine de lumière pastorale, qui file comme une flèche

et par trois fois tombe au milieu d'une fête villageoise. Mais tout cela est effacé comme un rêve par le retour intégral du *scherzo* ; un dernier rappel du *trio* et le motif initial conclut.

4ᵉ mouvement : Finale.

Sous le signe de l'Hymne à la Joie

Le *finale* entre sur une formule abrupte de trois notes, qui se mue en une mélodie tendre, cheminant avec la sérénité mystérieuse de l'*Hymne à la Joie*, où passe à deux reprises une ritournelle (comme des cloches dans le lointain) au violon.

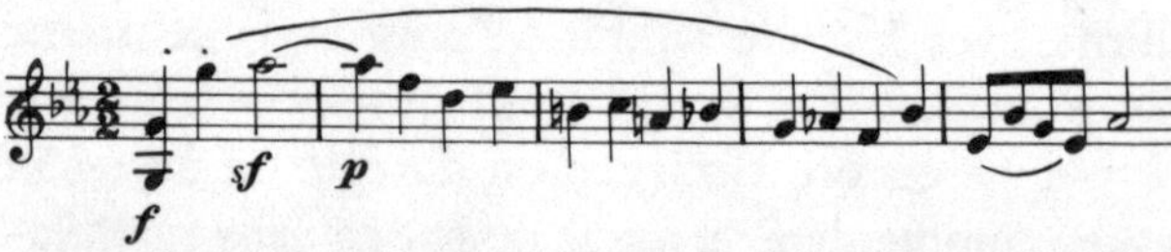

En un second élément, la mélodie se redresse, s'affirme avec plus de force, comme impatiente de dire son secret. Puis c'est une harmonieuse transition *pianissimo* sur la ritournelle, murmurée en imitations dans tous les registres, qui mène au second thème, une chanson pleine de gaieté et d'insouciance, *staccato*, à l'aigu du violon.

Sur le même rythme lui succède une petite marche caricaturale avec ses brusques sauts du *piano* au *forte* (on dirait une marche de conspirateurs !), qui se transforme en une vigoureuse danse villageoise pleine de bourrades. Peu à peu la fête s'estompe sur un refrain (alternant violons et basses) qui va se perdant (avec à la fin aux basses de curieux accents rauques *piano*), puis ouvre le développement.

Caricatures

Celui-ci reproduit d'abord le début du mouvement, mais la tendre mélodie se développe (laissant de côté la ritournelle) et s'enchaîne avec le second thème, *pianissimo* puis *forte*, dans une couleur toute pastorale. Et c'est alors un épisode ravissant où la ritournelle se superpose à ce même second thème (harmonieuse alliance des contraires, la ritournelle doucement balancée et la chanson au dessin net, *staccato*), puis déroule de gracieuses imitations aux deux violons. En un dernier épisode se développe la belle mélodie montante (second élément du premier thème) qui semble toujours avoir l'*Hymne à la Joie* au bord des lèvres.

La réexposition commence directement à la ritournelle dont le carillon s'épand dans une inexprimable lumière et le second élément rentre maintenant, accompagné par de joyeux contrepoints *staccato* (comme le second élément dans le premier mouvement !) en une ronde merveilleuse précisant encore le souvenir de la *Symphonie avec chœurs*. Le second thème fait valoir ses droits et ramène sa troupe bouffonne de paysans. Mais après la chanson à la tierce, un long trille des violons suspend le temps, nous fait pénétrer dans un autre monde...

Un autre monde

Tout a changé dans cette étonnante *coda* : le mouvement *(meno vivace)*, le rythme (6/8), la tonalité (*ut* qui reviendra à *mi bémol* par *la bémol* et *mi majeur*), le visage même de la ritournelle : c'est maintenant un chant calme et lumineux, un « ranz » qui retentit à tous les points cardinaux, au milieu des murmures et des pépiements, longues guirlandes harmonieuses qui l'entraînent, en un mouvement d'une irrésistible allégresse, vers ces lointains dorés par le soleil couchant où se perdaient aussi les dernières pages de la *Symphonie Pastorale*.

CONCLUSION

Songe d'une nuit d'été

Tout dans ce merveilleux quatuor évoque, à l'insu de Beethoven sans doute, *Le Songe d'une nuit d'été* et ce serait là un beau sous-titre pour cette œuvre, scintillante d'étoiles en son *adagio*, royaume de Puck en son *scherzo*, avec la poésie féerique de son *trio*, doublée par les intempestives et cocasses apparitions des artisans (qu'on croit reconnaître aussi dans le second thème du *finale* et la *Deuxième variation* de l'*adagio*) — cette œuvre qui semble porter en exergue *(allegro)* ces mots de Shakespeare au début de sa pièce :

« Que la mélancolie aille à des funérailles
Ce pâle compagnon n'est pas de mon cortège. »

L'admirable lumière reflétée par la *coda* qui conclut ce mystère de la Saint-Jean d'été, remplit alors le cœur de Beethoven (comme en témoignent ses conversations avec Stumpff). C'est l'œuvre d'un musicien au soir de sa vie qui contemple avec sérénité le chemin parcouru alors qu'il vient d'accomplir le rêve de son existence, la *Symphonie avec chœurs*. Il sera bien temps ensuite de rentrer dans la forge où d'autres quatuors l'attendent, déjà ébauchés. En cet été 1824, il se consacre à la nature, cette amie bienfaisante dont il ne peut se passer, ajoutant à l'*Hymne à la Joie*, par un mouvement constant chez lui, cet *Hymne à la Nature* qu'est le *Douzième quatuor*.

Hymne à la Nature

Quinzième quatuor en la mineur op. 132

PLACE DANS LA VIE DE BEETHOVEN

Rappelons que le *Quatuor en la mineur*, composé juste après le *Quatuor en mi bémol* op. 127, devrait porter le n° 13.

1824-1825

Pendant que Beethoven travaille au *Douzième quatuor*, il note déjà des esquisses pour ce *Quatuor en la mineur*, en particulier pour le premier mouvement et le *finale*. En septembre 1824, il écrit à l'éditeur Schott qu'il pense lui donner le *Douzième quatuor* à la mi-octobre et ajoute : « *Apollon et les Muses ne voudront pas déjà m'abandonner au Squelette car je leur dois tant encore ! Il faut, avant que je ne passe aux Champs Élyséens, que je laisse après moi ce que l'esprit m'inspire et m'ordonne d'achever. Il me semble que j'ai à peine écrit quelques notes.* »

Il travaille ensuite au *Quatuor en la mineur* avec acharnement quoiqu'il se plaigne de l'archiduc Rodolphe qui lui fait perdre beaucoup de temps. Il est impatient de terminer les trois quatuors pour le prince Galitzine, car il désire ardemment à cette époque se rendre en Angleterre (au point qu'il demande l'adresse d'un hôtel à son ami Neate) en passant par Bonn où il n'est pas revenu depuis trente-deux ans.

Échec

Le 6 mars 1825, Schuppanzigh donne la première audition du *Douzième quatuor*, mais c'est un échec. Beethoven se brouille momentanément avec « Mylord Falstaff » et fait rejouer son œuvre, sans plus de succès, par le Quatuor Böhm.

Le 19 mars, il se croit au bout de ses peines, écrivant à Neate : « *J'ai achevé le premier quatuor* (mi bémol) ; *je suis maintenant à composer le second* (la mineur), *qui comme le troisième* (si bémol) *sera achevé en peu de temps* », bien qu'il n'ait pas encore écrit une note du *Quatuor en si bémol.*

Maladie

Quelques jours après, il tombe gravement malade, sans doute épuisé par son labeur intense, une violente inflammation intestinale très douloureuse (crachements de sang, saignements de nez, etc.). Au début mai cependant on le dit hors de danger et on le transporte à Baden. Vers le 13 mai, il écrit sur un cahier : « *Mon médecin m'a sauvé, car je ne pouvais plus écrire de musique, maintenant j'écris des notes qui peuvent me tirer d'embarras* » et quelques jours après : « *Chant d'action de grâces sacré d'un convalescent. A 3/8 : sentant de nouvelles forces* ». Ce sont les mentions mêmes qui figurent sur la partition de l'*adagio* du *Quinzième quatuor*, ainsi inspiré à Beethoven aux premiers jours de sa convalescence. Et il note encore : « *Ah ! tu m'as donc donné de nouveau des forces, le soir, pour me retrouver.* »

Convalescence

Dès le 17 mai, il annonce à son neveu Karl qu'il « *recommence à écrire un peu* ». Les visiteurs qu'il reçoit alors nous font assister à son rétablissement progressif (Rellstab, Freudenberg). En août, il achève le *Quinzième quatuor* et déjà il compose le *Quatuor en si bémol* qui sera terminé en octobre.

Le 2 septembre Seyfried nous le montre complètement rétabli au cours d'une promenade avec des amis dans l'Helenenthal : « En avant, comme un chef de bande, marchait le maître affairé, et derrière, le suivant non sans difficulté dans sa course, le trio citadin que le chef s'amusait à éreinter. Il fallut chercher tous les endroits qu'il affectionnait, et aucun ne se trouvait sur les chemins fréquentés. Tantôt c'étaient des sentiers de chamois grimpant au Rauhenstein ou aux ruines de Rauheneck ; tantôt le guide hardi, saisissant un de ses compagnons avec un poing solide, descendait une pente presque à pic avec la rapidité du renne, pour se repaître les yeux de l'angoisse de ceux qui le suivaient, au milieu des éboulis pierreux... »

Alpinisme

Une semaine plus tard, le *Quinzième quatuor* était joué par les Schuppanzigh au cabaret de l'*Homme sauvage*, sur le Prater, et le succès fut tel qu'ils durent le rejouer le surlendemain. De même le public viennois, qui avait si mal accueilli le *Douzième quatuor*, fit un triomphe au *Quinzième* les 6 et 20 novembre de la même année.

Succès

CONCEPTION DE L'ŒUVRE

On peut résumer ainsi, schématiquement, la genèse du *Quatuor en la mineur* : avant sa maladie, Beethoven esquisse (et compose sans doute en partie) le premier mouvement et le *finale*. Pendant sa convalescence, il songe au *Chant d'action de grâces* qu'il voit d'abord comme un simple *adagio*, puis comme un choral, auquel se joint l'*andante* (« sentant une nouvelle force ») ; l'idée de la *marche* est du même temps, suivie du récitatif. Pour le seul *scherzo* on ne possède pas d'esquisse.

L'ŒUVRE

1er mouvement : Assai sostenuto — Allegro.

— La forme de ce morceau est difficile à définir. Elle rentre malaisément dans le cadre de la forme sonate, bien qu'elle lui emprunte ses traits principaux. Mais le déroulement de l'œuvre est avant tout d'ordre psychologique et fait éclater le cadre strict de la sonate. Vincent d'Indy constate : « On ne peut guère analyser cette pièce qu'en la divisant en trois expositions des deux thèmes, à diverses tonalités, les deux premières intégrales, la troisième abrégée », mais il ajoute « l'ordre tonal y est si soigneusement réglé qu'on peut la considérer en même temps comme un modèle d'équilibre et de solidité ».

Et pourtant si l'on étudie l'agencement des thèmes et leur déroulement (en faisant abstraction des relations tonales qui donnent raison à Vincent d'Indy) on obtient le schéma suivant, qui, du point de vue formel, est plus clair et facilite sans doute la compréhension du mouvement : *exposition, développement sur le premier thème, réexposition* (en mi mineur), *nouveau développement, coda.* Bien qu'il ne rende pas compte de toute la complexité du mouvement, nous l'utiliserons comme cadre général pour les commodités de l'exposé.

Le *Quatuor n° 15* s'ouvre par une introduction

lente (qui, cette fois, commande tout le premier mouvement) sur une étrange formule de quatre blanches qui commence au violoncelle. Et ce motif est, à peu de choses près, celui qui donnera naissance à la *Grande Fugue (*ou *Dix-septième quatuor).*

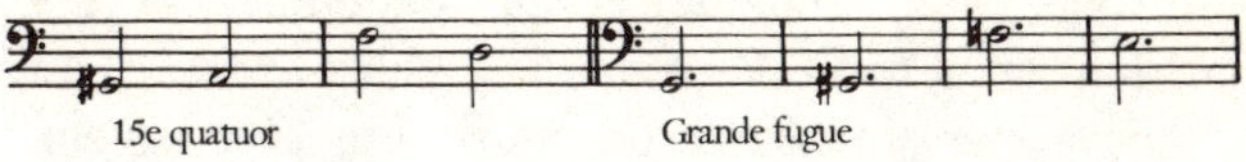

Le Sphinx

C'est « l'énigme posée par le Sphinx au nouvel Œdipe » (R. Rolland[1]). Cette question du Destin va planer sur tout l'*allegro* et sans cesse apparaître en transparence.

Œdipe

Elle se développe peu à peu à travers le quatuor (on distingue vers la fin le renversement de ses deux membres au violoncelle), mais soudain s'en échappe un trait nerveux, apeuré, en doubles croches au violon « par lequel l'Œdipe se dégage (ou tente de se dégager) de l'étreinte du Sphinx » (R. R.). Au violoncelle entre le thème d'*« Œdipe »*, un motif court, sur un rythme de marche, mais à peine esquissé et revenant mélancoliquement sur lui-même (devant lequel on distingue au second violon l'image du Sphinx) ; après le violoncelle, le premier violon prend ce même thème et le développe avec tristesse.

Mais il se redresse, devient véhément et conclut en

1. Est-il besoin de préciser à l'intention des chasseurs de « mauvaise littérature » que pas plus que Romain Rolland nous ne prétendons que Beethoven avait dans l'esprit le fameux « héros à complexe » de la légende grecque ni son interlocuteur (ou interlocutrice) mystérieux. Ce sont simplement des figures illustrant le débat beethovénien tel qu'il se présente *musicalement* dans ce mouvement particulier.

une descente arpégée, ferme et résolu à balayer la lancinante question. Une mesure *adagio* ramène l'ombre du Sphinx et le trait apeuré du violon. Le thème alors se répète en dialogue aux divers instruments avec la même conclusion résolue ; la méditation cependant se poursuit un instant avec un ton grave, mais le violon l'adoucit par une guirlande en triolets, puis en doubles croches, qui s'achève par une sorte de tourbillon plus joyeux. Des motifs plus sereins viennent lui faire cortège, et d'abord une transition qui débute en canon sur une petite marche très assurée et monte ensuite avec confiance (au rythme de la conclusion résolue) vers le second thème. Celui-ci est une des plus ravissantes trouvailles de Beethoven, une chanson toute de tendresse au second violon

sur un délicieux accompagnement culbutant en triolets, qui semble une réponse enjouée au premier thème (comme une consolation ou une promesse lumineuse), reprenant son rythme avec plus de vigueur et d'entrain ; elle se développe au premier violon et se transforme ensuite en une longue guirlande tantôt sereine, tantôt enthousiaste, avec une conclusion pleine de bravoure (comme celle du premier thème), quoique coupée par deux fois par deux notes inquiétantes.

Après quelques mesures *rubato*, le premier développement s'ouvre en effet sur la question du Sphinx (*pianissimo* au violoncelle et à l'alto) à laquelle Œdipe (au premier violon) réplique d'abord timidement ; il s'enhardit un peu et finit par dire **Non !** « non » à l'ombre grandissante (quatre accords brutaux). Un silence ; le thème d'Œdipe repart renversé, se développe un instant, plus serein sur quelques notes *staccato*, et à nouveau dit « non » au Sphinx.

Mais celui-ci se redresse ; son motif, toujours en valeurs longues, apparaît en pleine lumière *fortissimo* (ré dièse — mi — *la dièse* — *si*, ces deux notes à l'octave supérieure) clamé par les quatre instruments ; un moment les deux adversaires se mesurent du regard, le thème d'Œdipe (aux trois instruments inférieurs) tourne autour de la formule flamboyante au premier violon, mais à nouveau le trait de doubles croches s'enfuit apeuré. **Défaite**

C'est la réexposition, mais après l'exposé complet du thème, avant de s'acheminer tout de suite vers la transition, ce même thème d'Œdipe se développe un moment, d'abord avec une mine désappointée, puis repart énergiquement. Après la conclusion en tourbillons joyeux, on retrouve la transition, puis le second thème, pris en canon par le violoncelle et le premier violon, dont la guirlande se développe longuement, dans une polyphonie plus complexe. La conclusion est plus indécise et s'allonge sur un motif de cinq notes coupées de silence, à peine remarqué la première fois, qui progresse en trois bonds. Un nouveau développement se prépare.

Voilà bien en effet le motif du Sphinx, mais *piano*, comme replié sur lui-même (est-ce l'indice de sa prochaine défaite ?), autour duquel rôde le thème d'Œdipe comme à la fin du premier développement. Cette fois, c'est lui qui semble triompher, de plus en plus pressant avec des imitations qui vont *crescendo*, s'apaisent un instant, reprennent, aboutissant à un long appel de victoire en doubles **Victoire** croches sur deux notes *(la — si — la — si...)* du premier violon, accompagné d'une vigoureuse gamme descendante, à l'unisson, des trois autres instruments, éliminant définitivement le Sphinx.

Alors reparaissent tous les bons compagnons qui

viennent participer à la joie, la transition d'abord, puis le second thème, rayonnant en la majeur. Toute la fin de l'*allegro* n'est qu'un grand chant de triomphe ; le thème d'Œdipe célèbre sa propre gloire, certains de ses éléments jubilant en doubles croches (selon une formule que nous avons déjà vue chez Beethoven dans la réexposition exultante du premier mouvement du *Quatuor n° 9*) sur les murmures grandissants de ses compagnons ; puis il magnifie son rythme en l'étirant avec force d'après une figure qui lui avait été enseignée par le second thème et qu'il avait utilisée dans le combat suprême, avant le long appel en doubles croches sur deux notes.

Triomphe

Une ombre d'inquiétude passe avant la *coda* ; sur le bruissement des autres instruments, le premier violon rappelle le visage du monstre, mais la vigoureuse gamme descendante des basses l'exécute une dernière fois, tandis que le thème d'Œdipe exulte au milieu de l'enthousiasme général.

Notons que cette *coda* n'indique pas une dernière phase de « l'action », mais plutôt qu'elle concentre le drame, qu'elle le résume comme en conclusion.

2e mouvement : Allegro ma non tanto.

Le thème de ce *scherzo* débute par les mêmes notes que le premier mouvement *(sol dièse — la)* et cette rencontre n'est sans doute pas fortuite, puisque le *trio* amènera une nouvelle réminiscence. Mais cela ne donne pas une valeur dramatique à ce *scherzo* tranquille, une danse lente et un peu lourde, à vrai dire sans gaieté, qui combine inlassablement deux motifs, une phrase montante en noires, reprise ensuite un ton plus haut, et une petite phrase descendante en croches.

Une danse sans gaieté

Le développement n'appelle pas de commentaire particulier.

Mais le *trio* est une merveille comparable au *trio* du *Douzième quatuor.* C'est une exquise musette où le violon, faisant sonner sans cesse son *la* grave, chante dans l'aigu une mélodie naïve et dansante

Musette

avec un accompagnement parallèle du second violon et des arpèges ou de longues tenues des basses, frêle architecture aérienne d'une grâce inexprimable. Un second élément s'y oppose, un *laendler* très sage (noté par Beethoven en 1790) qui déroule sa guirlande sur un simple accompagnement en notes répétées, avec de charmantes contredanses. Mais tout à coup, que se passe-t-il aux basses ? deux blanches, *do dièse — ré dièse*, quelques notes piquées, encore deux blanches, *si dièse — do dièse* : c'est le Sphinx qui danse lourdement en ricanant au milieu des timides paysans épouvantés, montre un instant son visage terrible (sur un rythme carré) et, ravi de sa farce, disparaît... Alors revient la naïve musette, qui cède ensuite la place à la reprise complète du *scherzo*.

Laendler

Le Sphinx !

3e *mouvement : Molto adagio.*

— Ce célèbre *adagio*, immense (il dure de 14 à 20 minutes selon les interprètes !), est celui auquel Beethoven avait songé au sortir de sa longue maladie, et le grand choral qui reviendra trois fois dans ce mouvement porte en épigraphe en allemand, puis en italien : « *Heiliger Dankgesang eines Genesenen an die Gottheit, in der lydischen Tonart — Canzona di ringraziamento offerta alla divinità da un guarito, in modo lidico* » (chant de reconnaissance offert à la divinité par un convalescent, dans le mode lydien). Il s'agit en réalité du mode grégorien de *fa* sans altération.

Chant de reconnaissance

La première partie est donc un long choral en cinq parties,

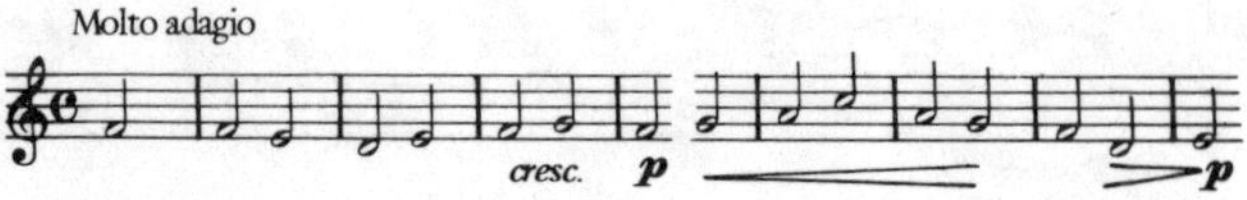

chacune étant précédée d'un prélude ou interlude en entrées successives, les 1re, 2e, 4e et 5e fois du violon au violoncelle, la 3e fois du violoncelle au violon.

« Sentant une nouvelle force »

Puis vient tout à coup un extraordinaire *andante* avec cette épigraphe : « *Neue Kraft fühlend — Sentendo nuova forza* » (sentant une nouvelle force) qui est vraiment un retour à la vie, sur un motif qui bondit en de larges intervalles d'octave et de dixième (au second violon), reprend souffle à contretemps (tandis que le premier violon lance un long trille de joie), se poursuit en une légère volute,

recommence, puis saute au premier violon qui le conduit dans les régions les plus hautes, comme ivre d'air pur ; mais cela ne peut se décrire... Un chant très doux aux deux violons, avec des trilles, se mue ensuite en un dialogue entrecoupé, oppressé, tout en contretemps, incapable, semble-t-il, de dire tout son bonheur ; par deux fois cependant il se déploie en une large phrase, avant que l'*andante* conclue par une belle mélodie sereine, précédant le retour du choral.

Celui-ci est repris par le violon à l'octave supérieure, tandis que les autres instruments varient lentement les interludes, et il semble plus sublime encore, plus détaché de la terre et du temps que la première fois.

L'*andante* rentre à son tour, pareil à lui-même, mais au violon à l'octave supérieure, avec des broderies jubilantes plus développées, accentuant l'étonnante impression de libération, d'enchantement, de ce chant débordant d'une joie très pure qui n'arrive pas encore à s'exprimer pleinement.

Alors revient pour la troisième fois le chant de reconnaissance qui monte au milieu de nouvelles figurations sur les interludes vers une sorte de vision mystique où le choral (*sforzando* sur chaque note) semble rester suspendu entre ciel et terre. Puis lentement, s'arrêtant encore comme en de longues stations extatiques, l'admirable cantique rentre dans le silence.

Entre ciel et terre

4e mouvement : Alla Marcia, assai vivace.

Comme souvent chez Beethoven après ces immenses méditations désincarnées, on aborde la terre ferme avec une petite marche pleine d'entrain, dont le second thème, fringant et coquet, défile fièrement. Deux parties, chacune reprise.

Défilé

Mais à peine Beethoven a-t-il ramené ses auditeurs dans le climat habituel de la vie quotidienne, qu'il les plonge dans de nouvelles aventures. En guise de *trio* (mais la marche ne sera pas ensuite reprise), après une formule montante en croches isolées (*piano* puis *forte*), le premier violon trace

Un récitatif passionné

un récitatif passionné, analogue à celui du *finale* de la *Neuvième symphonie*, avec des retards et des accélérations qui en accentuent la force pathétique. Mais au lieu de nous introduire dans le monde de la Joie *(« Ô frères, plus de ces accents tristes... »)*, celui-ci s'éteint lugubrement et nous laisse au seuil du *rondo*.

5e mouvement : Allegro appassionato.

Parallèle avec le Onzième quatuor

— Ce rondo s'apparente à celui du *Onzième quatuor* op. 95 (la « seconde ouverture d'*Egmont* ») : même opposition d'un rythme aimable, allègre, et de motifs mélancoliques voués, semble-t-il, à une défaite certaine, même conclusion exultante qui brusquement renverse la situation de façon absolument inattendue, consacrant le triomphe de l'homme. Mais on constatera de l'un à l'autre toute la distance qui sépare le Beethoven de 1825 du Beethoven de 1810, l'extraordinaire élargissement de la forme et du lyrisme, et la maîtrise avec laquelle le musicien conduit cet étonnant renversement d'atmosphère qui, dans le *Onzième quatuor*, paraissait quelque peu artificiel.

Le thème principal, le refrain, est en deux éléments constamment superposés, qui semblent les deux pôles d'un état d'âme (éléments d'ailleurs parallèles à ceux du *Onzième quatuor*) : l'un est fait de deux notes *(fa — mi)*, qui sonnent comme un « à quoi bon » désabusé avec une belle réponse au violoncelle qui donne son élan au *rondo* ; l'autre

Nostalgie

est une mélodie nostalgique, mais qui sans cesse se redresse, sans jamais se laisser abattre par la plainte sous-jacente (Beethoven l'avait esquissée, comme finale de la *Neuvième symphonie*).

Elle s'élance au violon, reste suspendue, mais reprend une octave plus haut, à l'unisson avec l'alto, et entraîne une formule de trois notes qui monte par degrés

se répète et conclut. Mais cette conclusion paisible est combattue, comme rongée, par une véhémente formule sur deux notes

au second violon et à l'alto, à laquelle elle répond tantôt au violon, tantôt au violoncelle, sans jamais fléchir.

Alors, sur un rythme analogue, vient le premier couplet, une mélodie très tendre, parsemée de trilles, dont la sérénité pourtant ne dure guère ; au contraire, sur des appels pleins d'angoisse en notes répétées des trois autres instruments, le violoncelle broche un admirable motif *fortissimo* (toujours issu du premier thème)

Dona nobis pacem

que Beethoven avait noté en esquissant le *Dona nobis pacem* d'une *Messe en ut dièse mineur* ; mais l'appel n'est pas entendu et, dans le dialogue incertain qui conclut le couplet, passe l'ombre inquiétante de « l'énigme ».

Le refrain reparaît identique, mais le débat final

qui retardait la conclusion est remplacé par un second couplet où la lutte est bien plus serrée, enchevêtrée au point qu'on ne distingue plus les combattants. Mêlée violente et âpre où s'affrontent des symboles, l'un toujours en formules de deux notes (à contretemps), qui tente de s'opposer pied à pied à la marche de l'autre, dessin têtu, par groupes de trois croches qui maintient contre vents et marées le souvenir du motif de conclusion du refrain, tandis que parfois une interjection d'angoisse (à contretemps) rappelant les appels du premier couplet s'élève au-dessus du duel, soit au violoncelle, soit au violon.

Apre mêlée

Le refrain rentre une nouvelle fois, mais dans une couleur étrange, dramatique, avec le motif de deux notes qui brame tristement au violoncelle dans l'aigu. On retrouve le débat qui retardait la conclusion (du premier refrain), puis le premier couplet *(Dona nobis pacem)* avec une très longue conclusion tâtonnante où peu à peu la lumière se fait.

Irruption de la joie

Alors tout cède d'un seul coup à la joie ; le mouvement s'accélère et le refrain reparaît *presto*, clamé avec une force prodigieuse par le violon et le violoncelle, tous deux dans l'aigu. Et la joie déborde, elle dépasse les bornes qui lui étaient assignées : le violoncelle se lance dans une ronde éperdue, entraînant la conclusion du refrain dans un nouveau développement en majeur auquel le violon mêle sa voix. Tandis qu'ils reprennent souffle, une ravissante guirlande de croches *staccato* apparaît, amenant une conclusion triomphante.

Est-ce la fin ? Pas encore. Le violon, puis le violoncelle recommencent leur chant de victoire, contrepointé par la guirlande de croches, qui à nouveau exalte la conclusion du refrain, puis une série de puissantes octaves sur les degrés de l'accord parfait met fin au quatuor.

CONCLUSION

Il n'y a guère de commentaire à ajouter à une telle œuvre. Pourtant il convient de rappeler que, dans sa grandiose harmonie architecturale, elle ressortit à deux courants d'inspiration différents : l'un est le thème favori de la pensée beethovénienne, cette lutte contre le Destin, toujours recommencée, qui est plutôt une lutte contre lui-même, car « Œdipe » et « le Sphinx », pour abandonner ces images, sont à l'intérieur du cœur de Beethoven, de même que les antagonistes du *rondo*, constamment superposés ou enchevêtrés ; l'autre courant, c'est la renaissance physique après la maladie, l'enivrante impression de recouvrer ses forces, que traduisait déjà la *Sonate* op. 110, mais qui cette fois se hausse à un plan supérieur, en un cantique d'action de grâces à la Divinité.

A la pointe de lui-même

Or il n'y a pas la moindre faille entre ces mouvements, nulle différence d'intensité (sinon le *scherzo*, un peu en marge de ces courants, mais qui est sauvé par l'admirable *trio*), tant ils sont tous le reflet d'un Beethoven à la pointe de lui-même, au plus profond de son génie. Et le cantique de reconnaissance vient au contraire couronner sur le plan sublime, sur le plan transcendant, ce grandiose débat de l'homme contre lui-même qui s'achève et se perd dans l'évocation de la Joie universelle.

Une fois encore c'est donc à la *Neuvième symphonie* (directement évoquée dans le récitatif et le thème du *rondo*) que nous ramène le quatuor, mais cependant avec l'accent plus souterrain, plus détaché de celui qui revient des portes de la mort et qui a senti toute proche l'ombre de la Divinité.

Signalons que Beethoven tenait particulièrement au *Quatuor* op. 132. Il écrivait à l'éditeur Peters à son propos : « *Le quatuor que je vous propose vous prouvera que je ne veux pas me venger de vos procédés et que je vous donne, au contraire, ce que je pourrais offrir de meilleur à mon meilleur ami. Je puis vous assurer, sur mon honneur d'artiste, que c'est une des œuvres les plus dignes de mon nom. Si je ne vous dis pas la stricte vérité, tenez-moi pour le dernier des hommes.* »

Treizième quatuor en si bémol op. 130

PLACE DANS LA VIE DE BEETHOVEN

Le *Quatuor en si bémol* est le dernier de ceux que Beethoven s'est engagé à remettre au prince
1825 Galitzine. On se souvient que le 19 mars 1825 il écrit à l'Anglais Neate (pour repousser son voyage en Angleterre jusqu'à l'automne) et lui indique que ce troisième quatuor sera achevé, comme le deuxième *(la mineur)*, en peu de temps. Pourtant les premières indications n'apparaissent que deux mois plus tard, au début de la convalescence : « *Le dernier quatuor avec une introduction grave et pesante.* » Nul doute cependant qu'il y songe depuis longtemps et surtout qu'il en associe l'idée à celle de la *Grande Fugue* qu'il a esquissée en même temps que le premier mouvement du *Quatuor* op. 132 sur un motif analogue, celui de « l'énigme ».

La conception du *Quatuor en si bémol* devait être bien avancée à la fin août, puisqu'après avoir terminé le *Quatuor* op. 132, il le compose en deux mois à peine. D'ailleurs il écrit à Karl le 29 août :

« Mon plan est déjà tracé : nous donnons le quatuor de maintenant à Artaria et le dernier à Peters... Le troisième quatuor (si bémol) *aussi a six morceaux et il sera réellement tout à fait terminé dans dix jours, douze au plus. »*

C'est à Baden que Beethoven rédige le *Treizième quatuor* et il regagnera Vienne, l'ayant fini, le 15 octobre. Pendant tout cet été il vit dans des dispositions d'âme contradictoires : d'une part il est animé par une joie débordante, par une surexcitation vitale qui tient à la fois à cette résurrection prodigieuse après la maladie et sans doute à la force créatrice qui lui permet de mener à bien en quelques mois ces monuments que sont les *Quatuors n° 13* et *n° 15* (on en a vu un exemple frappant dans l'excursion du 2 septembre dans l'Helenenthal) ; d'autre part, il retombe souvent dans une profonde détresse, en raison de la conduite de son neveu Karl, de cette irréparable séparation qu'il sent se consommer. En mai-juin déjà il lui écrit des lettres pleines de reproches et d'amertume : *« Où ne suis-je pas blessé, déchiré... Dois-je subir encore une fois de toi la plus abominable ingratitude ? La constante solitude ne fait que m'affaiblir encore davantage, car vraiment ma faiblesse touche souvent à la défaillance. Oh ! ne me tourmente plus ! L'homme à la faux ne me donnera pas un si long délai. »* En juillet et août leurs relations s'améliorent, mais en septembre les reproches recommencent et Karl, excédé, fait une fugue qui met son oncle dans les transes : *« J'espère au moins demain un mot de toi. Ne me mets pas dans l'inquiétude ! Et songe à ma souffrance !... Que n'ai-je pas souffert déjà* (4 octobre). *Pour l'amour de Dieu, reviens aujourd'hui à la maison, accours, accours ! Mon cher fils ! Plus un mot ! Viens seulement dans mes bras, tu n'entendras aucun mot dur »*, etc. (5 octobre).

Dispositions contradictoires

Fugue de Karl

Faut-il donc s'étonner des couleurs constamment changeantes du *Treizième quatuor* ?

LE FINALE DU TREIZIÈME QUATUOR

La *Grande Fugue* op. 133 a été composée originellement pour servir de *finale* au *Treizième quatuor* et c'est même le premier morceau auquel Beethoven ait pensé. Mais lorsque le Quatuor Schuppanzigh donna la première audition du nouveau quatuor le 21 mars 1826, l'accueil fut mitigé ; les 2e et 4e mouvements furent bissés, mais l'ensemble ne fut pas compris. Et Beethoven s'indigna : « *Oh ! les bœufs, les ânes ! Oui, oui, ces friandises ! ils se les font servir encore une fois ! Pourquoi pas la fugue ? Elle seule aurait dû être recommencée.* » Pourtant, en raison des proportions de cette fugue, Beethoven se laissa persuader, non sans mal, par son éditeur Artaria de la publier séparément dans une transcription pour piano à quatre mains (op. 134) et d'écrire un nouveau *finale*.

Bœufs et ânes viennois

Pendant l'été 1826, il fit à cet effet quelques esquisses qui restèrent inutilisées et ce n'est qu'en octobre-novembre 1826, à Gneixendorff, chez son frère, qu'il écrivit le *rondo* actuel, quelques mois avant sa mort.

L'ŒUVRE

1er mouvement : Adagio ma non troppo — Allegro.

— « Walter Riezler dit justement que le premier morceau, de tous le plus intéressant, est *une simultanéité des contraires, presque ininterrompue.* Ils se superposent, ils s'interpénètrent, et la complication de l'écriture s'en ressent : jamais la polyphonie du quatuor n'a été plus libre et plus audacieuse... » (Romain Rolland.)

Une simultanéité des contraires

Ce premier mouvement est en forme sonate, avec une introduction tour à tour *adagio*, *allegro* et *adagio* où sont concentrés tous ses éléments. Il débute par une belle phrase méditative, d'abord à l'unisson, qui se redresse au violon, puis se poursuit par fragments ; un second motif interrogatif s'élève au violoncelle, et descend en lentes cascades, tandis qu'il se reproduit plus ou moins fidèlement au second violon, à l'alto, enfin au premier violon, et reste suspendu comme le précédent. Alors c'est l'irruption d'un trait volubile et tournoyant en doubles croches au premier violon sur lequel le second violon broche un motif simple comme un chant d'oiseau, ou une question joyeuse, *forte*

Interrogation

tandis que le trait du premier violon, après une délicieuse remontée *piano*, repart de plus belle et remplit tout le quatuor...

La première phrase de l'introduction revient au violoncelle, se déploie un instant et c'est la véritable attaque du quatuor par le déferlement du trait en doubles croches aux second violon et alto ; le chant d'oiseau est clamé deux fois par le premier violon et le violoncelle, mais il est comme submergé par le long trait qui, après chaque *piano*, repart *crescendo* et *forte* avec une allégresse extraordinaire (la « question » joyeuse subsistant au violoncelle) et lance quelques fusées jubilantes. Les deux violons

Une allégresse extraordinaire

esquissent alors une petite marche désinvolte sur le dessin en cascade de l'introduction (second motif), mais ils sont vite repris par la fièvre des doubles croches qui bondissent en traits alternés descendants et montants, aboutissant à un vigoureux trait d'arpèges à l'unisson, puissamment scandé et couronné d'un appel victorieux du premier violon *(do — fa)*. Insatiables, le violoncelle, les violons et l'alto veulent entreprendre encore un joyeux *fugato*, mais une progression, par demi-tons, de croches isolées, les arrête et c'est le second sujet : au violoncelle subsiste par fragments le souvenir du trait en doubles croches du premier sujet, tandis que se lève au violon une phrase grave

qui se reproduit ensuite à l'octave supérieure, semble vouloir se mettre en route, mais s'efface devant un motif de quatre doubles croches, *scherzando*, issu toujours du trait du premier sujet ; celui-ci se développe légèrement, grandit, puis *pianissimo* reprend son dessin initial en une guirlande continue (mais cette fois *legato* et non *staccato*) au violon, brodant une sorte de contrepoint pour un motif dérivé du premier sujet (le chant d'oiseau ou la question), très doux et montant vers la lumière ; c'est une belle et longue cadence de plus en plus véhémente aboutissant à une conclusion pleine d'allégresse, qui toutefois s'estompe en une souple *coda* à l'unisson.

Ramassé à l'extrême

Après un point d'orgue, le développement commence, l'un des plus étonnants que Beethoven ait écrits, très court, ramassé à l'extrême, où tous les motifs s'enchevêtrent. Voici d'abord les deux mesures lentes de l'introduction (aux violoncelle et second violon) ; le premier sujet *allegro* fait irruption, mais il s'efface devant les troisième, quatrième et cinquième mesures de l'introduction, reparaît, disparaît encore... Il ne reste bientôt plus qu'un petit motif piétinant (issu de l'introduction).

Celui-ci sert de toile de fond au développement, perpétuellement hésitant, ne se décidant pas à partir, où se dessinent tour à tour le chant d'oiseau et un fragment du trait (aux violons), le second thème (au violoncelle), qui se succèdent à plusieurs reprises, changeant d'instrument, jusqu'à ce que le premier violon reprenant le second thème dans l'aigu, *crescendo*, déchaîne la réexposition.

Le trait de doubles croches déferle alors *forte* (avec par deux fois le chant d'oiseau au premier violon), bute sur une formule énergique, mais poursuit sa course, avec de merveilleuses envolées d'arpèges lyriques au premier violon ; puis l'on retrouve le pont en cascades, la phrase scandée à l'unisson avec l'appel victorieux (au violon, puis aux basses), enfin le second thème, en deux épisodes (*ré bémol*, puis dans la tonalité *si bémol*), plus enrobé, moins mélancolique, avec de beaux contre-chants. Puis c'est le motif *scherzando* de quatre notes et la longue cadence avec sa conclusion pleine de lumière, plus éclatante encore que la première fois.

Au début de la *coda*, l'introduction lente revient (mais une octave au-dessus), plus sereine, alternant avec le premier sujet *allegro* (comme au début du développement). Dans le flot de doubles croches apparaît un motif au rythme alerte (noté fugitivement dans la réexposition)

qui s'assouplit en une aimable ritournelle, laissant revenir à la fin, planant sur les eaux calmes de la guirlande *legato*, le chant d'oiseau, cette question qui a trouvé sa réponse dans la sérénité.

— Si l'on compare cet *allegro* au premier mouvement ou au *rondo* du *Quinzième quatuor*, composés auparavant, qui eux aussi font triompher la lumière sur la mélancolie, on constatera que l'accent du *Treizième quatuor* est moins âpre, moins tendu, l'origine du débat moins sombre, la victoire plus proche dès le début. Comme nous l'avons déjà indiqué, il semble bien qu'on ne soit pas là en présence d'une de ces luttes acharnées de Beethoven contre le Destin ou contre lui-même, mais bien d'une évocation intime de la convalescence, baignée d'ombres et de joies légères, analogue au *Chant d'action de grâces*, mais variant un tout autre thème.

Un nouveau « Chant d'action de grâces »

2e mouvement : Presto.

Friandise...

Ce court et rapide *scherzo* est l'une de ces « friandises » dont Beethoven parlait avec un peu de dédain en regard de la *Grande Fugue*. On dirait une chanson furtive, mais très rythmée, comme une légende populaire mystérieuse, murmurée pour ne pas éveiller les djinns et autres divinités de la nuit. Deux parties, chacune reprise.

Le *trio*, tout aussi rapide et vigoureusement rythmé sur le quatrième temps (mesure à 6/4), est bâti sur un motif rustique montant inlassablement au premier violon, avec un accompagnement crépitant de trois notes. C'est une danse élémentaire, qui atteint à une véritable frénésie rythmique.

La transition avec le retour du *scherzo* se fait par trois curieuses gammes chromatiques descendantes, *rubato* au violon, accueillies par trois notes impatientes du quatuor. Et la chanson reprend plus furtive que jamais avec de ravissantes variantes, trilles, sauts légers au violon, et à la fin passage du thème à l'alto sur le second violon en *pizzicati*.

3e mouvement : Andante con moto ma non troppo.

— Beethoven a pris soin de nous avertir de l'esprit dans lequel il faut jouer cet *Andante*, en notant au début *poco scherzoso*, « un peu plaisant », correspondant à l'allemand *humoristisch* (inscrit sur l'esquisse). C'est en effet une page « humoristique », où parfois un peu « d'humour noir » ou de mélancolie se mêle à ce discours fantasque, d'une écriture subtile, arachnéenne, étonnamment sûre. Un chef-d'œuvre auquel s'apparenteront les *Phantasien* et *Intermezzi* de Schumann et de Brahms, mais avec un accent robuste et bonhomme, des arrière-plans profonds qui n'appartiennent qu'à Beethoven. **Humoristisch**

Le mouvement est en forme sonate, mais d'une écriture si subtile, avec une invention constante de motifs qui s'engendrent en restant toujours *staccato*, en modulant dans les tonalités les plus variées, que c'est à peine si l'on s'en rend compte, pris par le charme de cette marquetterie miraculeusement ouvragée.

L'*andante* débute par un long soupir, d'où sort, on ne sait comment, à l'alto, une petite mélodie qui s'avance, très sûre d'elle **Comédie**

sur un accompagnement « humoristique », en doubles croches *staccato*, très élastique, du violoncelle, qui ne cessera guère au cours du mouvement. Le violon prend à son tour la mélodie et la varie légèrement en imitations avec le second violon. Quelques notes *pizzicato* s'étagent du violoncelle au violon, puis la chanson se poursuit avec de délicates variantes ; la première, une petite contredanse, commence au violon.

La seconde semble opposer en un concertino les basses aux violons

mais après un accord *forte* et quelques accents désenchantés, les instruments reprennent leur marche de concert comme si de rien n'était... Une note sévère du violon les rappelle encore à l'ordre ; mais non, la marche repart en majeur, avec de ravissantes réponses d'un instrument à l'autre, comme de minuscules trompettes sonnant la charge...

Là se place l'invisible frontière du second thème (invisible, car le rythme *staccato* reste présent tout au long), composé de deux motifs alternés :

le premier est une légère ritournelle en notes piquées qui s'oppose au second, un délicieux appel sur deux notes, qui chante au violon, enrobé dans les *gruppetti* du second violon et l'accompagnement, un instant flexible et tendre, du violoncelle, avec la grâce d'une sérénade mozartienne. Un moment ce motif se développe au second violon, à l'alto, au violoncelle et à nouveau au violon, contrepointé par d'exquises gammes en triples croches fusant légères à travers le quatuor. On retrouve les gros soupirs de l'introduction et la chanson reprend sa marche insouciante : c'est la réexposition.

Celle-ci se fait sur le plan primitif, jusqu'au développement du second thème qui s'achève par un trille après la première gamme en triples croches du violon. Une gamme encore introduit la *coda* qui d'abord reproduit le rythme initial, puis s'assombrit sur des *pizzicati*. Et voici qu'apparaît sur un rythme désaccordé, sarcastique, en triolets, un étonnant développement sur le soupir désemparé, apeuré, qui lance de suppliants appels à l'aide

Tragédie

et descend ensuite mélancoliquement par demi-ton. Un moment, la petite ritournelle du début du second thème ramène un air plus gai ; cependant le second motif de ce même second thème (l'appel sur deux notes) revient inversé, rongé d'inquiétude, dialogué avec insistance dans un murmure. Mais il retrouve son trait de conclusion pour lui rendre confiance, et alors il réapparaît dans toute sa grâce flexible et tendre avec ses contrepoints de gammes en fusées, qui communiquent leurs frémissantes triples croches à l'accompagnement pour une brève conclusion féerique d'où l'angoisse a fui.

Féerie

— Dans cette étonnante *coda*, Beethoven semble avoir voulu montrer discrètement tout ce que des motifs pimpants, insouciants pouvaient cacher de mélancolie ; combien la tristesse est proche de la gaieté, dissimulée sous la même pierre... C'est la petite touche de philosophie, « d'humour noir » de ce merveilleux *andante*.

Humour noir

4e mouvement : Alla danza tedesca. Allegro assai.

« Comme une danse allemande », note Beethoven pour cette seconde « friandise », d'ailleurs charmante, qui n'a cependant pas la saveur du *presto* (deuxième mouvement). C'est une danse populaire à la manière de Haydn, pleine de subtilité rythmique, mais qui développe ses motifs de façon simple.

La seconde partie, qui superpose une chanson fruste et sans prétentions à une guirlande de doubles croches, varie davantage ses éléments à travers divers épisodes modulants.

La première partie revient ensuite, enjolivée au violon d'une guirlande continue dont le second thème lui a sans doute donné l'idée. Dans la *coda*, les divers éléments du motif passent d'un instrument à l'autre.

5e mouvement : Cavatine. Adagio molto espressivo.

— Selon Holz, second violon du Quatuor Schuppanzigh et confident de Beethoven à cette époque, « Beethoven avait composé cette *Cavatine*, vérita-

« Dans les pleurs de la mélancolie »

blement dans les pleurs de la mélancolie, pendant l'été 1825, et jamais sa propre musique n'avait fait sur lui une telle impression ; même, quand il revivait ce morceau, cela lui coûtait toujours des larmes ».

Cela ne signifie pas qu'on doive rattacher à quelque épisode de sa vie ce morceau qu'il a mis très longtemps à composer, ainsi qu'en témoignent les nombreuses esquisses. Il semble probable que ces difficultés sont nées, non seulement de la recherche des motifs, mais aussi de leur mise en œuvre dans cette forme inusitée qu'il utilisait pour la première fois et qui donne tant de force à cette page pathétique.

« Ce nom de *Cavatine* surprend d'abord ; avec nos souvenirs de grand opéra, nous l'appliquons à un air théâtral. Nous nous trompons. Beethoven a pris le mot dans son vrai sens : la *Cavatine*, à sa source, était la partie (finale, à l'ordinaire) du *récitatif*, qui, en *arioso* lyrique, s'achemine vers l'air bien caractérisé... Son nom dérivait de *cavare*, creuser, graver, et de *cavata*, qui était la terminaison et le résumé gravé, sous forme de sentence, d'un récitatif. Le choix très réfléchi qu'en a fait Beethoven définit, mieux que toute analyse, le caractère de cette page. Elle est la floraison mélodieuse d'un récitatif. Une marche frontière entre le récité et le chanté ; et de plus, l'expression y est résumée et concentrée. Dans son effort constant pour créer en musique pure un style « parlant » sans paroles, la *Cavatine* (et celle-ci en particulier) est la plus parfaite réussite : car elle ne sacrifie rien de la pure musique, en l'enrichissant du domaine de l'émotion dramatique. » (Romain Rolland.)

L'embaumement du chant

Cette *Cavatine* se caractérise surtout par l'enveloppement, « l'embaumement » du chant (confié au premier violon) par l'accompagnement polyphonique, en particulier par les motifs d'introduction du second violon, sur lesquels se détache peu à peu la mélodie, tandis qu'à la fin de chaque phrase ce même second violon répète, comme un écho atténué, la formule finale ; d'où une impression de nostalgie profonde et de mélodie infinie, le chant reprenant toujours sur la cadence de sa phrase précédente.

C'est donc sur une ritournelle murmurée par le second violon que la cavatine prend son large appel et déploie lentement sa première phrase ; elle s'interrompt ; la ritournelle se hausse à un accent douloureux, puis s'estompe pendant que la cavatine se développe, s'élève, retombe sur un dessin de croches (proche de la ritournelle) et conclut.

Le second violon répète la conclusion, puis sa ritournelle sur laquelle à nouveau le premier violon reprend son motif initial, dont la conclusion se prolonge, entrecoupée de silences (comblés par la polyphonie). Le second violon répète les deux dernières notes nostalgiques. Puis, tandis que les trois instruments d'accompagnement échangent un dessin dérivé de la ritournelle, le violon chante le deuxième motif de la cavatine, une méditation plus vibrante, avec des tenues prolongées, qui va *crescendo* et reste suspendue. Le second violon (soutenu par l'alto) répète encore les six dernières notes, puis en un motif admirable à mi-voix, avec l'infinie lassitude du triolet, semble conclure. En réalité il amorce le troisième motif de la cavatine : le premier violon reprend sa conclusion, puis s'élève en des accents poignants, comme arrachés du cœur, jusqu'au seul point *forte* de ce début.

La phrase redescend peu à peu. Le second violon répète les trois dernières notes, et à nouveau le même motif de conclusion sur lequel le premier violon redit toute la période précédente. Voilà bien la mélodie infinie...

Mélodie infinie

Mais le décor change (c'est la seconde partie du *lied*) ; sur un triste accompagnement en triolets de notes répétées (*mi bémol* à l'unisson, aggravé à la deuxième mesure de la dissonance d'un *ré bémol* au violoncelle) le premier violon commence un récitatif « oppressé » (*beklemmt*, écrit Beethoven sur la partition), entrecoupé

Un récitatif oppressé

qui s'inscrit entre les notes régulières, obsédantes de l'accompagnement, et s'élève difficilement, retombe, s'élève à nouveau avec une sorte de ténacité passionnée, puis s'avoue vaincu.

Alors revient la grande prière de la cavatine, réduite à sa première phrase, après laquelle quelques plaintes encore, rappelant fugitivement les deuxième et troisième phrases, se mêlent au murmure nostalgique de la ritournelle.

6e mouvement : Finale. Allegro.

— Certains exégètes trouvent intolérable l'écart entre la *Cavatine* et le *finale* écrit par Beethoven en 1826 pour remplacer la *Grande Fugue*. Peut-être cependant Beethoven a-t-il jugé bon, avec du recul, de conclure gaiement ce quatuor, respectant ainsi l'alternance qui est le propre de cette œuvre ; ce *finale* ne lui semblait sans doute pas plus déplacé que le mouvement *Alla danza tedesca*, mais il est évident que la signification n'en est pas du tout la même que celle de la *Grande Fugue*. Il reste que le *Treizième quatuor* n'est pas régi par le même souci d'unité que le *Quinzième* ou le *Quatorzième*, et il n'est pas sûr que Beethoven ait vu en la *Grande Fugue* l'aboutissement *psychologique* du *Treizième quatuor* ou du moins des mouvements les plus caractéristiques (premier, troisième, cinquième). Alors, faut-il être plus beethovénien que Beethoven ? Et l'on devra tenir compte enfin de son état d'esprit lorsqu'il compose cette dernière page (cf. *infra*, pp. 179 et 190).

Les techniciens ne sont pas d'accord sur la forme de ce *finale* qui oscille entre le *rondo* et la *forme sonate*. Sur un accompagnement d'alto, *staccato* et *pianissimo*, le premier violon expose le thème principal, le refrain, une chanson rustique et

Désinvolture

désinvolte alternant notes liées et détachées,

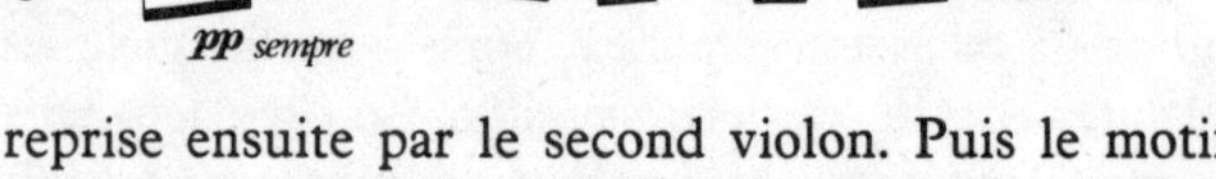

reprise ensuite par le second violon. Puis le motif revient au violon, module et rentre dans la tonalité. Un épisode de transition commence en entrées successives sur le refrain, joue un moment de l'alternance *legato-staccato*, et voici le premier « couplet » qui s'élance sur un motif jubilant en doubles croches, accentué sur le premier temps, dialogué entre le premier violon d'une part, le second et l'alto d'autre part.

Il ne dure guère cependant. Un nouveau motif *staccato* en croches entre successivement au violoncelle et au violon, mais ne va pas loin non plus. De mystérieux murmures s'achèvent par une cascade d'octaves joyeux, des gammes rapides et des appels sur deux notes (on peut faire la reprise depuis le début).

Jusqu'ici Beethoven a joué dans le cercle un peu clos du refrain ; les menus épisodes signalés n'étaient que des divertissements sur les deux éléments mélodiques du refrain : doubles croches *legato* d'une part, croches *staccato* d'autre part. Maintenant seulement le monde du *finale* s'agrandit.

Le thème du refrain reparaît, affiné en une ravissante arabesque du premier violon, d'abord hésitante, qui cède ensuite la place à un nouveau « couplet », en réalité un splendide second thème (bien qu'en *la bémol* !) d'un grand lyrisme calme et heureux, qui débute par deux blanches et se poursuit en une longue guirlande *legato* au violon et à l'alto à l'unisson

Un lyrisme calme et heureux

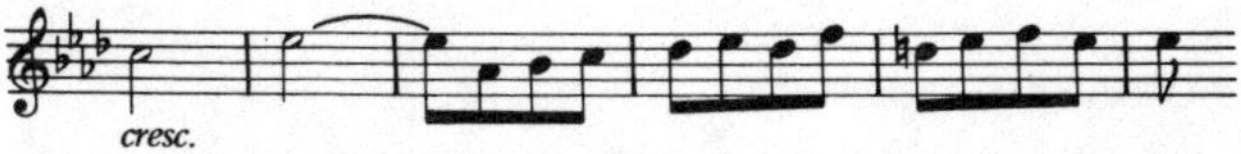

reprend une octave plus haut, descend aux basses avec de larges contre-chants. Par deux fois les blanches initiales reparaissent en un motif indépendant de quatre, puis cinq notes qui planent dans une admirable lumière au premier violon.

Le développement se fait ensuite en un aimable

divertissement fugué, plein de vie et de gaieté sur le refrain. La réexposition aura le même caractère que la première fois avec tous les mêmes éléments. Après le retour du second thème vient une *coda* légère sur le rythme initial du refrain qui est réexposé entièrement et donne lieu à un divertissement final où tous ses éléments défilent tour à tour dans un véritable festival du rythme.

Grande Fugue
en si bémol
« Dix-septième quatuor »
op. 133

CONCEPTION DE L'ŒUVRE

La *Grande Fugue* servait primitivement de *finale* au *Treizième quatuor* (cf. *supra*, p. 132) ; elle fut publiée séparément en 1830, et dédicacée à l'archiduc Rodolphe. Rappelons que le thème générateur en fut trouvé par Beethoven en même temps que celui du *Quinzième quatuor* op. 132 et que les deux thèmes ont un dessin presque identique (cf. p. 119).

FORME DE L'ŒUVRE

Selon Vincent d'Indy, « c'est une fugue à deux sujets et à variations ». Les grandes divisions en sont :

— une *Ouverture*, présentant le thème générateur sous les principales formes qu'il revêtira au cours de l'œuvre ;

— une *Première fugue*, avec un sujet original ; le thème générateur sert ici de contre-sujet. Fugue suivie de *trois variations* ;

— une *Seconde fugue*, où le thème générateur est le sujet. Fugue également suivie de *trois variations* ;

— un *Développement* des deux *fugues* en *trois divertissements* ;

— une *Réexposition au ton principal* avec *une variation et un développement sur la seconde fugue* ;

— une *Conclusion* sur les divers éléments.

Une progression dramatique et psychologique

Ce plan, qui peut sembler un peu embrouillé et a été contesté notamment par Joseph Kerman, correspond cependant à une progression dramatique et psychologique rigoureuse, et la structure de l'œuvre s'éclaire d'elle-même à l'audition.

N. B. — On a vu, ci-dessus, que le *thème générateur* était à la fois *contre-sujet* de la première fugue et *sujet* de la seconde fugue, et c'est là le fondement essentiel de cette œuvre. Pour éviter des confusions de mots inextricables, nous le désignerons toujours sous le nom de *thème* ou *thème générateur*, quel que soit son rôle, tandis que le *sujet de la première fugue* sera toujours appelé *sujet* ou *premier sujet*. La lecture et la compréhension en seront facilitées.

L'ŒUVRE

Ouverture

Les quatre instruments à l'unisson exposent lentement, puis en accélération, *fortissimo*, en pleine lumière, le thème générateur :

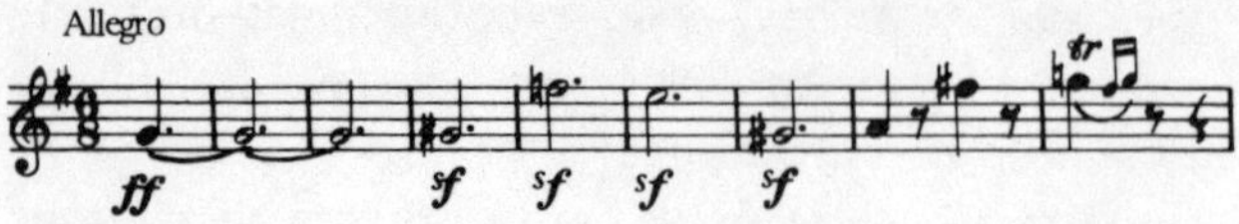

Un thème herculéen

un thème herculéen à soulever les montagnes, dont les trois dernières notes sont jetées plus rapidement, avec un trille bref sur la dernière. Puis toujours à l'unisson, par deux fois, le thème est repris dans un rythme vigoureux et combatif qu'on retrouvera dans la seconde fugue.

A

Troisième apparition du thème, *piano*, en noires régulières, d'abord au violon, puis au violoncelle, avec un motif un peu plaintif en doubles croches :

B

c'est la préfiguration du sujet et du contre-sujet de la seconde fugue.

Enfin, dans la vraie tonalité de *si bémol* (l'ouverture s'est faite en *sol*, est passée en *ut*, puis à la dominante *fa*), le thème générateur entre *allegro* en noires (ou deux croches liées, comme les écrit le compositeur) isolées à contretemps : c'est la forme qu'il revêt comme contre-sujet de la *première fugue* qui va commencer.

C

Première fugue

Un sujet en formidables écarts

Un point d'orgue et soudain le sujet de cette fugue, le *premier sujet*, bondit en formidables écarts sur un rythme sauvage

D

au-dessus du thème générateur à l'alto (*cf.* citation C) ; celui-ci se redresse fièrement sous l'orage, mais chaque entrée du premier sujet semble le submerger. Une âpre lutte est engagée, à laquelle la fugue offre toutes les péripéties possibles selon la disposition des voix : thème générateur englouti aux voix intermédiaires, grondant sourdement aux basses, surgissant à l'aigu, avant de céder la place à un violent épisode rythmique.

Les *variations* apportent des armes nouvelles au sujet. La *première* combine avec la brutalité du rythme initial la souplesse insidieuse, enveloppante d'une guirlande continue en triolets

(passage d'une somptueuse beauté qui fait songer à l'immense bataille orchestrale qui précède la *Cinquième variation* de l'*Hymne à la Joie*) ; à la fin, seul subsiste le sujet dans sa sécheresse impitoyable. Dans la *deuxième variation*, la guirlande revient sur un rythme de doubles croches (deux doubles croches — une croche)

qui rend la lutte plus hachée, plus confuse ; parfois le thème générateur disparaît complètement pour reparaître plein de force un peu plus loin (à la fois au premier violon, à l'alto et au violoncelle). Dans la *troisième variation*, le sujet lui-même s'est métamorphosé en une ligne fulgurante de triolets qui cerne maintenant de toutes parts le thème générateur.

Victoire du sujet

Celui-ci se défend comme il peut, hâte le pas, d'une démarche inégale, comme sautant de côté pour esquiver les coups, mais il succombe sous les triolets, tandis que le premier sujet qui a repris sa forme initiale et son rythme guerrier lance de longs cris de victoire.

Seconde fugue

Tout est-il donc fini ? Non pas ; l'œuvre reste suspendue, le perpétuel *fortissimo* cède au *pianissimo*, le mouvement et la tonalité changent *(Meno mosso e moderato — sol bémol)* ; aux deux violons le thème générateur se plaint douloureusement...

Mais voici que, sur un calme accompagnement en notes répétées, chante un motif très doux, consolateur (déjà entendu dans l'*Ouverture*, fin de la citation B), le contre-sujet de cette *seconde fugue*. Dans cette atmosphère recueillie, bienfaisante, le thème reparaît, très plane (comme dans la troisième exposition de l'Ouverture, début de la citation B), méditatif, un peu sombre à l'alto, puis il s'éclaire au second violon ; mais il est trop faible encore et

Ce chant magique qui guérit

à nouveau se plaint. Le contre-sujet cependant poursuit son chant consolateur, ce chant magique qui guérit. Bientôt le thème générateur s'essaye au violoncelle ; toujours sur le murmure berceur, il s'élève au violon, s'interrompt, revient au violoncelle et tout de suite au violon ; enfin le second violon et l'alto entrent en jeu, parachevant ainsi cet admirable dialogue d'une paix toute divine, où le thème vaincu semble puiser de nouvelles forces pour le combat. La mission du contre-sujet va finir, il n'ira pas plus loin ; sa dernière phrase (la seule *forte*) semble s'achever dans un murmure de bénédiction.

Ce sont alors les *variations* de cette *seconde fugue*[1]. Le thème générateur, tout revigoré, surgit dans le rythme nerveux noté à l'*Ouverture* (2e exposition) (*cf.* citation A) : « On le dirait casqué, lance à la main et bondissant » (R. R.) et cette *première variation* (en *si bémol*), toute à la joie de la renaissance, est aimable, d'un élan juvénile ; le thème joue avec son nouveau rythme et avec un motif de quatre notes marqué par un trille. Pour la *deuxième variation*, le thème (au violoncelle d'abord) a retrouvé toute son impérieuse grandeur ; il a comme contre-sujet son propre motif renversé sur le rythme combatif de la variation précédente

et le conflit de ces deux éléments (si proches l'un de l'autre) donne lieu à une page d'une sévère et

1. Il faut noter que tous les éléments de ces *Variations* sont empruntés exclusivement au thème générateur. (Selon Kerman, il s'agit d'une nouvelle fugue en *si bémol*, la « Deuxième fugue » n'étant qu'un fugato intermédiaire.)

pure beauté, aux lignes tranchantes, frissonnant en longs trilles tumultueux (issus de la dernière note du thème). La *troisième variation* présente un nouvel aspect de cette étonnante lutte où le thème générateur semble sans cesse « s'éprouver » contre lui-même : d'un côté il ne reste plus que la puissante conclusion trillée du thème ; de l'autre le thème (comme jadis le premier sujet) s'est transformé en une longue guirlande de triolets, pleine de pugnacité, d'un admirable envol.

Entraînement

Mais tous deux, bien loin de se combattre, finissent par se renforcer mutuellement pour aboutir à une véritable exaltation du thème générateur en un concert de trilles étayé sur les formules de triolets.

Développement des deux fugues

Reprise de la lutte

Alors (et c'est le début du *Développement des deux fugues*) l'alto et le second violon rappellent *piano* le premier sujet (première fugue) auquel le premier violon répond par un fulgurant éclair de défi suivi du thème générateur qui plane longuement[1].

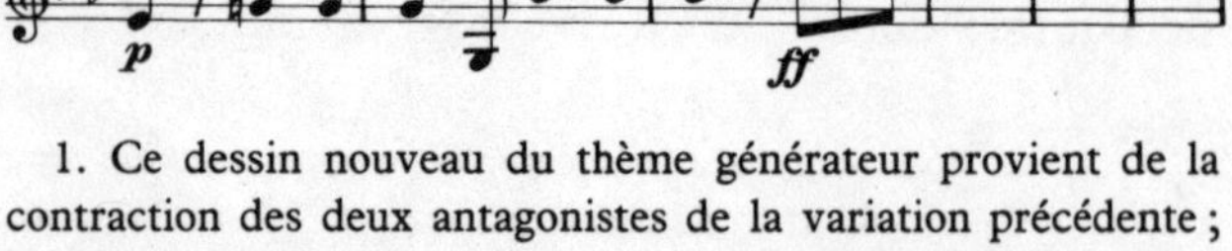

1. Ce dessin nouveau du thème générateur provient de la contraction des deux antagonistes de la variation précédente ; il témoigne de la prodigieuse invention thématique de Beethoven.

Et, dans ce *premier divertissement*, ce motif altier lutte donc contre son rival heureux de la première fugue qu'il domine maintenant de toute sa grandeur. L'évolution est plus nette encore dans le *deuxième divertissement* où le thème générateur reparaît dans sa majesté initiale, en larges imitations montant du violoncelle au violon, et refoule peu à peu les troupes en désordre du premier sujet, dont les derniers bataillons lancent des appels rauques et désespérés. Qui reconnaîtrait alors le motif splendide qui triomphait dans la première fugue ? Quant au *troisième divertissement*, il exalte en une page vraiment souveraine, le dernier acte de la lutte : le premier sujet, impuissant, comme attaché au char du vainqueur, rugit au violoncelle (puis à l'alto), tandis que le thème générateur chante à pleine voix, en choral, au violon et à l'alto, par mouvement contraire

Attaché au char du vainqueur

associant à son triomphe la mélodie consolatrice qui lui servait de contre-sujet dans la seconde fugue.

Cette page d'une si grande plénitude s'interrompt tout à coup et c'est un étrange épisode où l'on croit entendre de maigres roulements de tambours se perdant dans le silence, l'une de ces profondes et mystérieuses transitions par lesquelles Beethoven change le climat d'une œuvre.

Développement sur la seconde fugue

Maintenant le premier sujet va disparaître à peu près complètement ; il n'a plus rien à faire ici sinon un peu de figuration... Toute cette partie *(Réexposition au ton principal, variation et développement sur la seconde fugue)* est consacrée à la gloire du thème générateur ; et non pas même à sa gloire, mais à sa jouissance, à sa délectation : ce thème qui n'a cessé de combattre, âprement, pied à pied, voici qu'il savoure sa victoire, son bonheur « d'homme libre », longuement, en un chant très pur et si émouvant de n'être plus guère heurté, avec des inflexions tendres, recueillies ou exultantes... Ce n'est pas par hasard que Beethoven a repris l'aimable *première variation* de la *seconde fugue*, l'image la plus séduisante et la plus juvénile de notre héros casqué (*cf.* citation A) ; et c'est sur son rythme, mais adouci, lié, que se fait ensuite le merveilleux développement. Inutile de le détailler : il est si parlant, si beau, tour à tour caressant, profond, enivré, d'une tendresse qui a un accent bouleversant à la fin de cette œuvre abrupte !

Triomphe et jouissance du thème générateur

Mais la *conclusion* n'est pas moins belle. Tout à coup retentit à découvert le premier sujet (*cf.* citation D), auquel répond, après un point d'orgue, le thème générateur et son contre-sujet de la seconde fugue (*cf.* citation B) ; en un raccourci frappant c'est l'image parfaite de la *Grande Fugue*, peut-être toute sa signification résumée.

Péroraison

Réconciliation...

Alors commence l'étonnante *péroraison* qui va réconcilier les deux antagonistes... Mais d'abord, comme dans l'*Ouverture*, le thème générateur reparaît sous ses divers aspects ; il se déploie dans sa royale beauté et, abandonnant ses chaînes grinçantes qui le liaient comme Sisyphe à son rocher, il plane maintenant en un immense choral.

Puis c'est le rythme juvénile de la première variation, un souvenir mystérieux de la seconde fugue, un concert de trilles rappelant la troisième variation. Et brusquement c'est la *coda*, une *coda* où le premier sujet exulte dans l'aigu en un chant plein de lyrisme, superposé au thème générateur en valeurs longues (second violon et violoncelle), vibrant, semble-t-il, à l'unisson de sa joie et bondissant enfin sur un rythme de tarentelle pour le moins inattendu...

... comme au théâtre

— On ne peut, je crois, expliquer cette ultime résurrection du premier sujet vaincu et son harmonie fraternelle avec le thème générateur qu'en évoquant ici les usages du théâtre où les morts viennent avec les vivants tirer la morale de la pièce...

CONCLUSION

La conclusion monumentale des « Quatuors Galitzine »

Plutôt que comme le *finale* du seul *Quatuor en si bémol*, on doit considérer la *Grande Fugue* comme la conclusion des trois « Quatuors Galitzine » (ainsi que le note R. Rolland). Sans doute est-ce dans le dessein de clore cette série de quatuors par un témoignage monumental de sa maîtrise que Beethoven a réservé ce thème de fugue (découvert au début du travail du *Quinzième quatuor* et qui s'y serait magnifiquement adapté) pour le *Quatuor en si bémol*, troisième de la série, avec lequel il a pourtant moins d'affinités, semble-t-il.

Il est possible cependant que d'avoir été retardé plus d'un an ait modifié en quelque manière l'épilogue de la fugue. Eût-elle été écrite pour le *Quinzième quatuor*, il est probable qu'elle se fût achevée par un débordement de joie, d'une force dont le *rondo* final de cette œuvre peut nous donner quelque idée. Mais l'on a vu combien le *Treizième quatuor* différait de son aîné par un accent moins âpre, moins sombre, moins tendu, plus intime. Ces dispositions ne pouvaient influer sur le « corps » même de la *Grande Fugue*, sans doute fixé longtemps à l'avance, et sinon écrit, du moins mûrement pensé, mais il me semble qu'elles ont dû contribuer à l'élaboration de l'admirable développement final sur la deuxième fugue et peut-être sur le *coda*, projetant ainsi sur ce chef-d'œuvre d'une formidable pugnacité, une lumière humaine, intime, qui en double la signification.

La *Grande Fugue* reste une œuvre difficile dont certains regretteront longtemps les « duretés rocailleuses », mais on ne peut douter que ce soit un des chefs-d'œuvre les plus complets et les plus suggestifs que Beethoven ait écrits.

Quatorzième quatuor en ut dièse mineur op. 131

PLACE DANS LA VIE DE BEETHOVEN

La maison des Espagnols noirs

Le 15 octobre 1825, au moment où il achève le *Treizième quatuor*, Beethoven s'installe dans sa dernière maison viennoise, au *Schwarzspanierhaus*, c'est-à-dire « la maison des Espagnols noirs », un couvent désaffecté des bénédictins de Montserrat. Il a pour voisins ses amis Breuning et montre une prédilection pour le petit Gerhard qu'il nomme familièrement son « Ariel » ou son « Bouton de culotte ». Et Gerhard von Breuning nous a laissé de vivants tableaux du musicien à cette époque, tel celui-ci : « Pensant que, plongé dans une composition, il pourrait bien avoir oublié l'heure, mes parents m'envoyèrent le chercher. Je le trouvai à sa table de travail, le visage tourné vers la pièce où était le piano, écrivant un des derniers *Quatuors*. Me jetant un coup d'œil rapide, il me dit d'attendre qu'il ait transcrit la pensée qu'il avait. Je demeurai un instant tranquille, puis je m'approchai du piano de Graf muni d'un résonateur et, n'étant pas convaincu de sa surdité, je commençai à parcourir doucement les touches. Je regardais souvent de son côté, cherchant à voir si je ne l'avais pas dérangé. Mais quand je m'aperçus qu'il n'entendait absolument rien, je jouai plus fort, puis très fort exprès ; je n'eus plus aucun doute : il n'entendait absolument rien et continuait d'écrire imperturbablement, jusqu'au moment où, ayant fini, il m'invita à partir... A table seulement, une de mes sœurs ayant poussé un cri perçant, il fut si heureux d'avoir entendu qu'il se mit à éclater de rire joyeusement, faisant voir toutes ses dents d'une blancheur éclatante. »

Il semble bien que, dès la fin du *Treizième quatuor*, il commence le *Quatorzième*, mais les premières esquisses datent de la fin décembre. En janvier, il tombe à nouveau malade, moins gravement que l'année précédente, mais traîne cependant plus de deux mois, continuant, sans doute, à travailler à son quatuor. Toujours est-il que le *Quatuor n° 14* est achevé à la mi-mai. Après quelques retouches, l'œuvre est envoyée à l'éditeur Schott le 12 juillet. Dès la fin juin, Beethoven a entrepris le *Seizième quatuor*.

1825-1826

CONCEPTION DE L'ŒUVRE

Les trois « Quatuors Galitzine » et la *Grande Fugue* elle-même n'ont pas suffi à apaiser sa soif de quatuor. Holz, le second violon de Schuppanzigh, devenu son familier depuis qu'il a chassé Schindler, écrit que « Beethoven fut assailli d'une si prodigieuse quantité d'idées qu'il continua contre son gré, pour ainsi dire, à écrire les *Quatuors en ut dièse mineur* et *en fa majeur* » ; un jour, le rencontrant en promenade, Beethoven lui dit : « *Mon bon, voilà quelque chose qui vient de nouveau de me tomber* » et il lui montra des motifs qui devaient servir au *Quatorzième quatuor*.

Une prodigieuse quantité d'idées

Mais ce n'était pas seulement le souci d'exprimer des idées, de développer des thèmes qui l'animait ; il est certain que son travail le portait sans cesse au-devant de nouvelles formes d'expression, ainsi que le prouve une autre confidence à Holz ; celui-ci disant que le *Treizième quatuor* était le plus beau des trois, il répliqua : « *Chacun dans son genre !*

L'art veut que nous ne restions pas à la même place. Vous connaîtrez bientôt un nouveau genre de conduite des parties ; et quant à l'imagination, Dieu merci ! nous en manquons moins que jamais. »

Une nouvelle conduite des parties

Le *Quatorzième quatuor* est le fruit d'une période de concentration exceptionnelle ; d'après les cahiers d'esquisses, il semble que Beethoven travailla simultanément à toutes les parties de l'œuvre. « Ce n'est pas qu'il ait, comme d'habitude, longuement et patiemment cherché ses thèmes : ceux-ci acquièrent, en effet, assez rapidement leur forme définitive... Son travail cette fois est tout autre, et il en sera de même pour le quatuor suivant ; les thèmes une fois trouvés, le quatuor même complètement conçu et établi sur ces bases générales, Beethoven le remanie longuement ; il prend un passage et le répète de différentes façons ; il cherche de nouvelles combinaisons d'instruments, essaie d'autres dispositions de quatuor, et ce n'est qu'après avoir épuisé toutes ces recherches qu'il choisit entre elles ce qui doit définitivement rester. Toutes ces esquisses tiennent une place considérable ; elles sont dispersées sur des feuilles volantes, dont la réunion forme un cahier trois fois plus considérable par ses dimensions que la partition autographe. » (Joseph de Marliave).

Le compositeur tient à l'unité du *Quatorzième quatuor*. S'il a lui-même numéroté les mouvements de 1 à 7, il interdit de faire des pauses entre eux ; l'œuvre doit être jouée sans interruption. Il avait pourtant noté sur le manuscrit : « *Quatrième Quatuor, des derniers. Volé de-ci, de-là, et recollé ensemble* » ; mais, comme l'éditeur s'inquiétait, il le rassura : « *Votre lettre m'a été sensible. Ce que j'en avais écrit était par plaisanterie. Le quatuor est absolument tout battant neuf.* »

« Volé de-ci, de-là »

L'ŒUVRE

1er mouvement : Adagio ma non troppo e molto espressivo.

Fugue dans l'ombre

— C'est une fugue, mais combien différente de la *Grande Fugue* que Beethoven vient d'inscrire à la fin du *Treizième quatuor* ! Celle-ci était combattante, romantique, triomphale, celle-là dans l'ombre fait songer à J.-S. Bach ou, beaucoup plus loin, aux polyphonistes flamands. « *Vous connaîtrez bientôt un nouveau genre de la conduite des parties* », disait Beethoven à Holz. Loin des hommes, le musicien expérimente, s'engage sur des chemins inconnus, pour le plaisir de la découverte ; il n'a souci que de lui-même et du « meilleur ». S'il est une page où il ne se met pas en scène (consciemment ou inconsciemment) c'est bien celle-là ; il est ici le philosophe, le constructeur de cathédrales sonores dont « le royaume est dans l'air » ; ce qui ne signifie pas que cette fugue soit inexpressive d'ailleurs, mais pas plus que pour certaines fugues de Bach, il ne faut songer à lui arracher ces secrets des grandes profondeurs.

De même il n'est pas nécessaire de l'analyser en détail, tant les mouvements et les paysages harmoniques en sont amples, le déroulement harmonieux ; il n'est que de l'écouter attentivement et dès l'exposé du thème au violon de distinguer les deux éléments qui commanderont toutes les vagues immatérielles de la fugue : le premier élément de cinq notes avec cette admirable « anacrouse[1] », *sol dièse — si dièse*, d'un accent si pénétrant, qui sans

1. Note prise sur le temps faible, précédant le premier temps accentué de la phrase.

cesse émaillera le lent mouvement des lignes contrapuntiques, et le *sforzando* qui prolonge intensément la quatrième note ; le second élément, qui fait songer à la phrase pieuse et résignée de la *Fugue en mi bémol mineur* du *Clavecin bien tempéré* (1er livre).

Les entrées s'échelonnent ensuite de cinq en cinq mesures, descendant vers le grave, gagnant peu à peu tout l'univers sonore. Alors la méditation se développe à l'infini, d'abord en deux épisodes où prédomine le premier élément du thème, et, après une belle progression *crescendo*, en une seconde partie, consacrée à la phrase religieuse du thème ; celle-ci se déploie en croches

puis, après un rappel du début du thème à l'aigu au violon, renforcé par un accent fervent de l'alto, elle plane lentement, mystérieusement, en imitations aux deux violons (passage que tous les commentateurs comparent à *Parsifal*), et descend aux basses, avant de reprendre dans tout le quatuor. **Parsifal**

Dans la péroraison, Beethoven rassemble alors tous les éléments de la fugue, superposant les diverses « variations » d'intensité et de valeur des épisodes : le thème revient à l'alto, puis au second violon où son second élément va se dérouler en croches ; au premier violon, le thème reparaît ensuite avec ses valeurs initiales, en noires, mais des nuances très accentuées, tandis qu'entrant le dernier, le violoncelle chante le thème en valeurs doubles (rondes pour le premier élément, blanches pour le second). Page d'une lumineuse plénitude avec à la fin de poignants *sforzando* après lesquels les voix s'immobilisent. Sur un point d'orgue *pianissimo* résonne un *do dièse* à l'unisson...

2e mouvement : Allegro molto vivace.

Tout doucement, alors que le *do dièse* vibre encore, monte un *ré*, comme un soupir, qui arrache le poète à sa méditation ; sur les tenues de ses compagnons, le violon chante (comme pour dissiper les entrelacs chimériques de la fugue) une phrase tendre, vive, prête à s'envoler

qui revient sur elle-même, hésite *un poco ritardando*, et s'envole enfin à l'alto, puis à nouveau au violon sur les frissonnements aériens des autres instruments, s'exalte à pleine voix, à mi-voix, à nouveau *crescendo, piano...* Toute cette page est ainsi empreinte d'une allégresse invincible que sans cesse vient modérer une exquise pudeur, comme pour ne pas blesser la résonance laissée par la fugue initiale. Et pourtant sans cesse ce rythme jeune et souple à 6/8 et la chanson tout illuminée de printemps s'abandonnent à leur fougue, bondissent dans tous les tons, chantent avec ardeur, se taisent un instant, s'évadent à nouveau.

Une allégresse invincible

Les motifs qui s'enchaînent dans une ronde sans fin sont de même profil rythmique et se complètent au point de ne sembler faire qu'un avec le thème initial :

surmontés parfois d'une sorte de *cantus firmus* extatique :

Que la forme de ce mouvement soit imprécise (d'Indy tenant pour un *rondo*, d'autres pour une *forme sonate* très libre), cela importe peu, le trait essentiel étant dans cette succession de phrases au rythme rapide et bondissant, contenues par des *ritardando* d'où chaque fois elles repartent plus libres et joyeuses.

Après un vigoureux passage à l'unisson de tout le quatuor, peu à peu, dans des alternances de *forte* et de *piano*, la chanson s'endort. Mais bientôt retentissent deux vibrants accords : « Réveille-toi ! Sois prêt »...

« Sois prêt »

3e *mouvement : Allegro moderato — Adagio.*

... C'est l'*introduction* en manière de récitatif qui prélude aux grandes *variations* centrales de ce *Quatorzième quatuor*. Aux accords succède une phrase de transition : les quatre instruments semblent se consulter sur l'orientation de l'œuvre (dans cette phrase on notera la cellule de deux doubles croches qui sera le « moteur » du thème) ; nouveaux accords, nouvelle phrase ; on se recueille un instant *adagio* et le violon lance une rapide vocalise (comme un oiseau avant-coureur) qui s'achève dans tout le quatuor par un récitatif solennel ponctué enfin d'un accord bref, *forte*.

4e *mouvement : Andante, ma non troppo e molto cantabile (thème et variations).*

Le thème est d'une grande délicatesse ; il entre

sur le temps faible et, accompagné par de calmes *pizzicati* de violoncelle, chante en duo aux deux violons comme « embrassés », chacun repartant de la dernière note de l'autre ; chaque élément de la phrase est doucement balancé par la cellule de deux doubles croches (notée dans l'introduction).

Un duo « embrassé »

Dans une seconde partie, toujours accompagnée de *pizzicati*, les deux violons chantent en chœur (vers la fin entrera aussi l'alto) et le thème, de tendre, devient fervent et profond.

1re variation.

On passe sans transition à la première variation, qui garde le même mouvement ; le rythme (sur les notes initiales du thème) se ralentit aux basses, avec un *crescendo* sur la deuxième note, tandis que le violon répond par de calmes dessins descendants en doubles croches.

Puis le rythme se développe avec un bel accent aux voix moyennes et le violoncelle reprend les dessins du violon. Mais ensuite la seconde partie se déploie beaucoup plus intensément en des flots de doubles et triples croches d'une merveilleuse effusion dont rien ne saurait freiner l'élan.

2e variation : Più mosso.

C'est une de ces variations « marchantes » qu'on trouve toujours chez Beethoven ; il aime ces effets de contraste qui donnent du relief (*2e variation* de l'op. 127 par exemple). Second violon et alto marquent brièvement chaque temps (« le tambour d'Ariel dans *La Tempête* de Shakespeare », dit

Le tambour d'Ariel

Marliave) et le premier violon propose un motif frais et ingénu

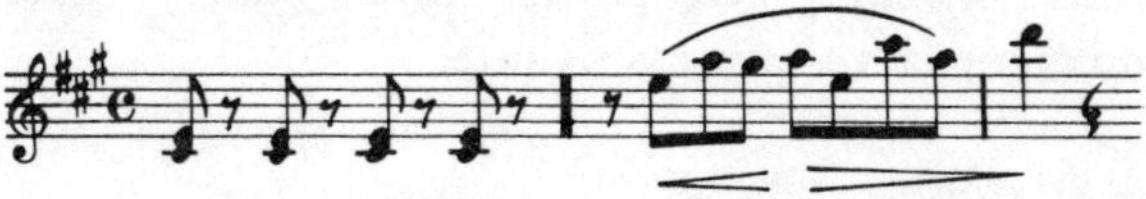

(immédiatement répété par le violoncelle) qu'il déroule en une longue et charmante guirlande, dialoguée ensuite par le second violon, le violoncelle et l'alto ; la seconde partie garde le même rythme : par deux fois, violon et violoncelle tressent une guirlande d'arpèges (par mouvement contraire) aboutissant à un grand unisson du quatuor, *forte*, sur une phrase développant le frais motif du début.

3ᵉ variation : Andante moderato e lusinghiero.

Imitations canoniques

« Lusinghiero », c'est-à-dire « charmeur » ou « séduisant ». Beethoven indique ainsi qu'il ne faut pas jouer de façon trop austère cette variation tout en dialogues, en imitations canoniques très dépouillées. Le violoncelle et l'alto commencent sur un motif et un rythme monotones, poursuivent longuement ce petit jeu archaïque

et terminent sur un trille et quelques notes piquées où brille comme un éclair de malice.

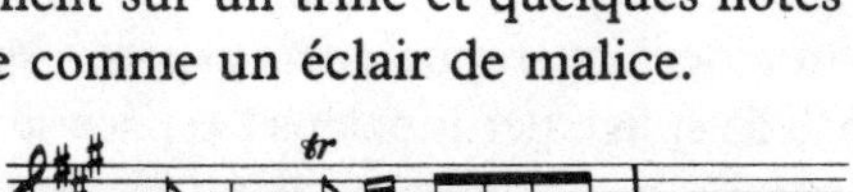

Les deux violons reprennent de même, tandis qu'alto et violoncelle échangent de graves considérations en valeurs longues (rondes et blanches).

La seconde partie n'est pas moins « canonique », mais cette fois sur le motif malicieux en trilles et notes piquées qui part du violoncelle, monte à l'alto puis au premier et au second violon (comme des entrées de fugue) ; discours claudicant qui, à la dernière mesure, s'élargit au violon pour préparer dignement la variation suivante.

4e variation : Adagio.

Dans celle-ci, on retrouve le charme tendre, la feinte nonchalance et l'effusion du duo initial. C'est d'abord une gracieuse broderie du violon (reprise par mouvement contraire au second violon et à l'alto, auxquels se joint ensuite le violoncelle) dont chaque phrase reste suspendue sur des accords cristallins en *pizzicati* (un nouveau « quatuor des

Harpes

harpes »...), cinq fois de suite.

Un dialogue s'instaure sur le début de cette broderie ; comme une danse lente, il se poursuit tantôt à l'unisson, tantôt en imitations, tandis que la broderie en gammes montantes traverse toutes les lignes du quatuor.

5e variation : Allegretto.

Après un dernier rappel des accords *pizzicati*, cette danse de songe perdue dans l'espace se dissipe. La broderie s'est évanouie et il ne reste plus que

Grappes pensives d'harmonies

ces grappes pensives d'harmonies dont les *pizzicati* faisaient sonner les accords cristallins, une sorte de choral immobile, en attente du souffle qui viendra le remplir ; parfois des ombres de thème passent (en particulier dans la seconde partie). C'est là une de ces pages mystérieuses qui toujours, dans les dernières années de Beethoven, précèdent la plus profonde des variations, celle qui est au cœur de l'œuvre.

6e variation : Adagio ma non troppo e semplice.

Ce murmure des voix parallèles en lentes notes piquées sur un rythme ternaire, nous le reconnaissons : c'est la méditation étoilée qui remplissait les variations du *Quatuor* op. 127 (la quatrième en particulier). On y retrouve la même atmosphère et ce rythme qui s'égrène, scandant doucement le temps qui s'écoule (cf. pp. 108, ss).

Méditation étoilée

Puis lorsque le chant s'est un instant déployé aux deux violons, tout à coup au violoncelle ce grondement, c'est le même, qui se répercute dans le lointain, peut-être quelque menace cachée. Et toujours comme dans le *Douzième quatuor*, ce grondement (qui se muait alors en un admirable *gruppetto* de trilles) vient au premier plan.

Est-ce vraiment quelque menace ? Il ne le semble pas. C'est, je crois, simplement un élément d'architecture, une touche de couleur en contraste, comme l'aboiement d'un chien qui, se répercutant, rend plus profonde la paix et la limpidité de la nuit.

Il n'est plus ensuite que d'écouter ce dialogue avec ses merveilleux effets d'échos, de rapprochement et d'éloignement.

7e variation et coda.

C'est à peine si on la voit entrer. Ce n'est qu'une arabesque discrète en triolets, proche du récitatif

qui passe tour à tour du premier violon à l'alto, au violoncelle, au second violon et à nouveau au premier violon, et s'achève en un long trille sur des arpèges montant aux divers instruments, prologue à la *coda*.

A plein gosier

Alors le début du thème des variations reparaît tout doucement au violon seul qui accélère vite, freine non moins vite, comme suffoqué de joie, encore timide, ne sachant s'il peut oser son entrée ou s'il s'est trompé de porte (on reconnaîtra là le même « mouvement » psychologique que dans l'*allegro molto* après la *fugue*. Toute cette *coda* sera partagée entre l'*accelerando* et le *ritardando*). Le violon hésite un instant, puis se met à chanter en trilles, rien qu'en trilles, à plein gosier, tandis que le second violon et l'alto redisent pompeusement à l'unisson le thème initial « comme de bons campagnards » sur de petites hachures arpégées du violoncelle.

Nouvelle introduction (trille du violon, arpèges aux autres instruments), le violon ramène encore le début du thème, accélère, freine, puis lance un superbe trait descendant et montant, après quoi le quatuor reprend la formule de conclusion du thème, coupée de silences, et reste en équilibre sur deux *pizzicati* sans achever. Le *scherzo* déjà frappe à la porte...

5e mouvement : Presto.

Chanson rustique

Il frappe vigoureusement, mais se montre ensuite bon enfant. C'est une chanson gaie et rustique, en notes piquées, faite de sections brèves.

exposée au violon sur les badinages contrapuntiques des autres instruments. Chanson inlassablement répétée avec de courtes suspensions. Il semble qu'après le travail si délicat des *variations*, Beethoven ne raffine pas et vise à se détendre ainsi que son auditoire.

Le *trio* a aussi le caractère d'une chanson ou d'une danse rustique : il rampe plaisamment *(piacevole)* au sol, se redresse avec souplesse

joue ensuite sur un motif culbutant qui crépite note contre note aux instruments deux par deux, et enchaîne avec une nouvelle figure de sa danse, encore plus vive.

Beethoven reprend alors intégralement le *scherzo* et le *trio*, et à nouveau le *scherzo* (avec encore une brève allusion au *trio*...). A vrai dire, on ne se lasse nullement de cette plaisante kermesse qui s'apparente souvent aux merveilleux trios des *Douzième* et *Quinzième quatuors*, et en particulier la *coda*, « ronde vertigineuse dans les étoiles » (R. Rolland) où le thème du *scherzo* revient une dernière fois dans les sonorités les plus aiguës (les quatre instruments jouent *sul ponticello*, contre le chevalet).

6e mouvement : Adagio quasi un poco andante.

Sans transition on aborde l'*adagio*, un lied en trois courtes parties, mais d'une expression admirable, avec cette intensité à laquelle en quelques mesures Beethoven sait atteindre aussi bien que dans les méditations les plus longues ; on songe à la *3e variation* de l'op. 127, et, comme elle, c'est une sorte de romance d'un accent bouleversant. Funèbre, triste, résignée ? je ne sais. Est-il bien utile de définir d'un mot la nuance d'une telle page qui est toute plénitude ?

Plénitude expressive

7e mouvement : Allegro.

— Pour la dernière fois, nous retrouvons ici cette atmosphère guerrière, si fréquente dans les quatuors de la maturité, et la similitude rythmique est frappante avec le *finale* du *Huitième quatuor* op. 59 n° 2 *(noire — demi-soupir — croche — noire — demi-soupir — croche)*, tandis que le thème principal a la même démarche saccadée ; cependant quelle différence de stature entre les deux mouvements qui appartiennent à deux mondes sans commune mesure !

L'exposé du thème principal est d'une prodigieuse grandeur. L'*adagio* débouche sur un puissant *do dièse* ; alors retentit par deux fois une formule d'airain, à l'unisson, qui rythme le silence du « pas des légions en marche ».

Le pas des légions en marche

Et sur ce rythme implacable monte, saccadé, un chant très fruste, noble et volontaire, qui se développe en vrai chant de guerre

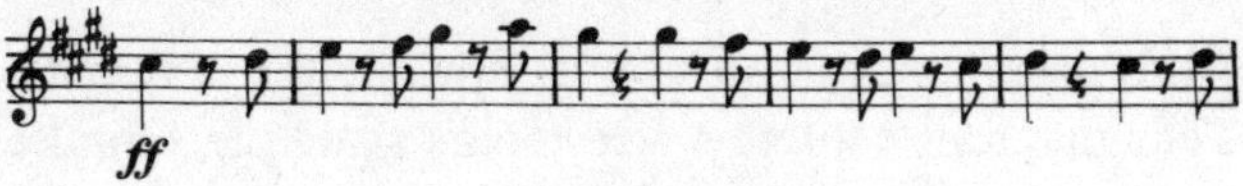

puis s'adoucit *(legato)*, s'intériorise en une plainte, faite de deux éléments où l'on reconnaît le renversement du thème de la fugue qui ouvrait ce *Quatorzième quatuor*.

La plainte se prolonge un instant avec des accents assez intenses, puis la charge revient, avec la formule d'airain et le chant de guerre. Après un bref canon, voici le second thème, très surprenant par son allure fluide, irréelle, son instabilité rythmique (sans cesse *ritardando* — *in tempo* — *ritardando*... Est-ce un souvenir du 2e mouvement ?) et ses deux motifs superposés, une légère gamme descendante en doubles croches et de fragiles arpèges en blanches, à l'aigu du violon

(et en même temps selon un autre dessin à l'alto) avec une fin pleine de douceur. Comment définir une telle vision, écartant un instant la trame serrée de la bataille avec une déconcertante candeur ?...

Le développement commence. La bataille fait rage : comme toujours dans ces cas-là survient un âpre *fugato* avec un contre-sujet, en rondes, une sorte de *cantus firmus* qui domine la mêlée, amenant un violent retour de la formule d'airain.

Mais alors s'ouvre un nouvel épisode où la bataille s'éloigne, sans toutefois être moins aiguë ; le tumulte à distance devient confus, ses contours s'estompent ; à travers les rappels du rythme, court *piano* un trait de croches que l'acharnement hausse d'un ton à chaque mesure ; parfois un *crescendo* rapproche la mêlée, mais on n'entend plus bientôt qu'un grondement à peine perceptible.

Travelling

Soudain, par un effet contraire et aussi saisissant, le grondement s'enfle pour amener *fortissimo* la réexposition. Sous le chant de guerre sonne un nouveau *cantus firmus* de trois rondes ; on retrouve la plainte issue de la fugue, puis le trait en croches du développement se mêle à la bataille. L'étonnant second thème se déploie assez longuement (tandis qu'à plusieurs reprises perce le rythme guerrier) et s'éteint.

Le ton de la Grande Fugue

Un grand développement terminal ramène à nouveau le premier thème, dont le rythme est plus haché que jamais. Dans cette ultime bataille, d'une fantastique véhémence qui rappelle la *Grande Fugue*, la plainte reparaît avec les mêmes accents tragiques que dans l'exposition, puis le rythme se précipite, devient chevauchée ; le puissant contre-sujet en rondes chante victorieusement à pleine voix au violon et au violoncelle. Et soudain (aussi surprenante que la coda du *Onzième quatuor* — la « seconde ouverture d'*Egmont* ») jaillit par deux fois au violon une gamme rapide et frémissante, avec une tranchante cadence, illuminant cette conclusion, tandis que triomphe le rythme initial, accompagné du trait tumultueux en croches.

Pourtant une dernière fois l'atmosphère s'assombrit ; la plainte du premier sujet semble « frappée à mort », elle s'enfonce pitoyablement au violon et à l'alto sur les lambeaux de la formule d'airain. Mais le rythme initial se redresse ; après un *poco adagio* (qui rappelle fugitivement la *Cinquième symphonie*), il se lance à nouveau à l'assaut ; trois accords d'*ut dièse* brisent ou accomplissent son élan.

CONCLUSION

Écrit peu après le *Treizième*, le *Quatorzième quatuor* n'en est pas moins d'un ton assez différent. Les exégètes (Romain Rolland, Joseph de Marliave) l'ont peut-être quelque peu « romancé » en y cherchant, comme il est sans doute licite pour les quatuors précédents (le *Quinzième* en particulier), le reflet d'états d'âme actuels dont l'action aurait été déterminante sur certains mouvements, la *fugue*, les *variations* et l'*adagio* en particulier.

Interprétations

Devant une telle œuvre le commentaire hésite et l'on ne peut prendre position que personnellement. Romain Rolland a-t-il raison de déceler dans la fugue, par exemple, un profond état d'accablement ? Citons-le : « Il est dans sa chambre, seul, au crépuscule, comme le philosophe de Rembrandt, depuis longtemps immobile, assoupi et meurtri. Il ne bouge pas, pour ne pas sentir ses blessures. Mais l'effort même pour respirer fait qu'il soupire ; et ce soupir des trois premières notes déclenche le cours de la mélancolie... Mais une seconde voix répète la plainte, puis une troisième, une quatrième ; et à chaque fois l'âme, stimulée par sa douleur et peuplant d'elle-même sa solitude, prend une conscience plus aiguë de sa peine, monte de ton, non sans retomber, épuisée, traînant son corps pesant et las, qui est lent à s'ébranler, et n'avance d'un pas plus vite que l'autre », etc.

« Le philosophe de Rembrandt »

Pour moi (comme je l'ai noté à propos de la fugue), je ne sens pas la moindre acuité vraiment tragique dans ces pages souveraines. Autant dans le *Quinzième quatuor* ou la *Grande Fugue*, le texte, le développement musical sans cesse nous sollicite, nous oblige à reconnaître une volonté d'expression, de délivrance par le chant, de sublimation, d'épanouissement, nous invite à scruter la pensée intime de Beethoven, autant le *Quatorzième quatuor* semble ressortir avant tout au monde de la contemplation.

Un texte de Wagner

Richard Wagner a écrit sur cette dernière œuvre une page extraordinaire qui nous apparaît maintenant comme un exemple typique de la phraséologie romantique et surtout wagnérienne. Romain Rolland note justement que « Wagner a prêté (à Beethoven), à ce Rhénan gonflé de sève comme ses vignes, les élucubrations schopenhauérisantes dont sa propre vie est imprégnée — ces idéologies qu'il a délayées dans un mysticisme sentimental ».

Il n'en reste pas moins que dans ce texte extravagant, qu'on lira ci-après, l'intuition de Wagner a sans doute touché un point capital pour l'interprétation de ce *Quatorzième quatuor*. On s'est beaucoup moqué de lui pour avoir vu dans cette œuvre « la journée d'un saint en musique » ; derrière l'image romantique subsiste cependant quelque chose de profondément vrai. Ce n'est pas qu'à l'affabulation de Romain Rolland il faille substituer celle de Wagner, à une trame psychologique substituer une trame philosophique (et quelle philosophie !). Mais l'attitude de Beethoven en face de sa création dans le *Quatorzième quatuor* me semble bien être celle que décrit Wagner, une fois dépouillés les oripeaux du « Mage » et du « Musicien ».

Expliquons-nous : les deux quatuors précédents et la *Grande Fugue* ont abondamment suffi à exprimer tout ce qui chez le Beethoven de cette époque est du domaine de la confidence personnelle, de par cette fonction d'édification intime qui est un des éléments essentiels de son art. S'il continue à écrire des quatuors, c'est parce que, comme il le dit à Holz, « *de nouvelles idées viennent de lui tomber* » qui lui font entrevoir de nouvelles formes d'art, un « *nouveau genre de conduite des parties* ». Et il faut sans doute voir l'expression de la stricte vérité dans cette note suffocante inscrite sur le manuscrit : « *Volé de-ci, de-là, et recollé ensemble* », qui du moins indique bien le détachement dont Beethoven fait preuve à l'égard de ses idées (jamais il n'eût écrit cela de l'*Appassionata*...). Il semble donc difficile de chercher à relier psychologiquement les différents mouvements du *Quatorzième quatuor*. Et pourtant c'est la seule œuvre de Beethoven qui se joue sans interruption, où le passage d'un mouvement à l'autre soit assuré par des transitions qui marquent bien l'unité indissoluble de la composition ! Alors, comment résoudre ce paradoxe ?

« La journée d'un saint en musique »

En essayant d'interpréter la définition de Wagner : « la journée d'un saint en musique », qui nous apporte l'image d'un Beethoven maître de lui-même et de sa création, dont le souci n'est plus à cette date de se raconter, mais d'écrire des « morceaux » et de les composer en une œuvre qui soit en elle-même un univers parfait.

Universalité

Ce qui ne signifie pas qu'il ait conçu une œuvre froide et abstraite, car il ne peut s'abstraire de son monde intérieur et à chaque pas nous le reconnaissons dans le *Quatorzième quatuor*, mais une œuvre qu'il veut parfaite et valable pour tous. Tel est à cette époque l'idéal de Beethoven qui renonce à la forme sonate (mais non dans le gigantesque final), ce vieux compagnon de combat, pour les formes pures de la fugue et de la grande variation dont il attend l'universalité — de Beethoven qui ne veut plus écrire que des œuvres objectives, détachées de son histoire propre, telles qu'une *Ouverture sur le nom de Bach*, un *Faust*, un *Requiem* et « *chaque année, sur le modèle de mon grand maître Hændel, seulement un oratorio et un concerto pour un instrument à cordes ou à vent* » (à Holz, en 1826). Comme s'il n'atteignait pas à une universalité aussi profonde dans les œuvres où s'exprime sa personnalité la plus exacerbée !...

Quoi qu'il en soit, il était nécessaire d'indiquer au moins vers quel but tendait Beethoven à cette époque, afin de ne pas trop nourrir le *Quatorzième quatuor* de nos propres rêves. Pour n'être sans doute pas des confidences bouleversantes, déchirantes ou accablées, la *fugue* ou l'*adagio* par exemple n'en sont pas moins des pages d'une prodigieuse beauté.

LE QUATORZIÈME QUATUOR VU PAR WAGNER

« Si nous voulons nous représenter le tableau d'une journée de notre saint, une de ces merveilleuses pièces musicales du Maître lui-même pourrait nous en fournir la meilleure reproduction... Je choisis donc, pour éclairer ainsi à nos yeux, selon ses événements intimes, une de ces véritables journées beethovéniennes, le grand *Quatuor en ut dièse mineur*. L'entreprise réussirait difficilement à l'audition de l'œuvre, car alors nous nous sentons contraints de renoncer à toute comparaison précise et ne percevons que la révélation directe venue d'un autre monde. Toutefois elle nous devient possible jusqu'à un certain point si nous rappelons seulement à notre souvenir ce poème musical. Mais même ici il me faut laisser à l'imagination du lecteur le soin d'animer elle-même le tableau dans

« La révélation directe d'un autre monde »

le détail de chacun de ses traits ; je ne viendrai donc à son aide qu'en lui présentant un schéma tout à fait général.

« L'*adagio* assez important qui tient lieu d'introduction, sans doute l'effusion la plus mélancolique qui ait jamais été exprimée en musique, je voudrais le caractériser comme le réveil à l'aube d'une journée « qui tout au long de son cours ne doit pas réaliser un seul vœu, pas un ! ». Mais en même temps c'est un acte de contrition, un conciliabule avec Dieu dans la croyance au Bien éternel. L'œil tourné vers l'intérieur y aperçoit aussi l'apparition consolatrice que lui seul peut reconnaître (*allegro* 6/8), où le désir se transforme en un jeu doux et mélancolique avec lui-même ; l'image de rêve la plus intime s'éveille dans le souvenir le plus aimable. Et maintenant il semble (avec le bref *allegro moderato* de transition) que le Maître, conscient de son art, se prépare à faire œuvre de mage ; il exerce maintenant la force ravivée de ce charme qui lui est propre (*andante* 2/4) pour retenir une apparition gracieuse et s'extasier sans cesse en contemplant ce témoignage bienheureux de la plus intime innocence, transformé de façon toujours nouvelle et inouïe par la réfraction des rayons de la lumière éternelle qu'il fait tomber sur lui. Nous croyons voir maintenant l'artiste rempli d'une profonde félicité émanée de lui-même diriger son regard ineffablement rasséréné sur le monde extérieur (*presto* 2/2) ; le voilà de nouveau devant lui, comme dans la *Symphonie pastorale* ; tout est éclairé à ses yeux par son bonheur intérieur ; c'est comme s'il écoutait la musique propre des apparitions qui, d'abord aériennes, puis matérielles, se meuvent devant lui en une danse rythmée. Il contemple la vie et semble se demander (bref *adagio* 3/4) comment il pourrait entreprendre de

« Le mage »

faire danser cette vie elle-même sur sa musique : une brève mais imprécise méditation, comme s'il se plongeait dans le rêve le plus profond de son âme. Un regard lui a montré de nouveau la face interne du monde : il s'éveille et maintenant fait chanter sur ses cordes un air à danser comme le monde n'en a encore jamais entendu (*Allegro* final).

« La danse du monde »

« C'est la danse du monde même : joie farouche, plainte douloureuse, ravissement amoureux, délire suprême, misère, fureur, volupté et souffrance ; il semble alors que des éclairs jaillissent, que des orages grondent : et, dominant le tout, l'immense musicien qui contraint et dompte toutes choses et, fier et sûr de lui, les mène, de tourbillon en gouffre, jusqu'à l'abîme : il sourit de lui-même, car cet enchantement n'était pour lui qu'un jeu. Mais maintenant la nuit l'appelle. La journée est terminée. » (Richard Wagner : *Beethoven*, 1870 ; traduction Jean Boyer, Éd. Aubier.)

Seizième quatuor en fa majeur op. 135

PLACE DANS LA VIE DE BEETHOVEN

1826

Beethoven achève le *Quatorzième quatuor* au milieu du mois de mai 1826, mais y apporte quelques retouches jusqu'en juillet. Dès la fin juin, cependant, il commence le *Seizième quatuor* qui sera terminé quatre mois plus tard. L'œuvre ne comprenait d'abord que trois mouvements, les deux premiers et le dernier ; le *lento* fut écrit ensuite, au mois de septembre, peut-être à la demande de l'éditeur Schlesinger, étonné de la brièveté du quatuor.

C'est pendant cette période (le 29 juillet probablement) que se produisit la tentative de suicide de son neveu Karl qui bouleversa profondément Beethoven, mais ne paraît pas avoir retardé la composition du quatuor. D'ailleurs, il semble avoir réagi très vigoureusement au début, si l'on en croit cette description que fait de lui un de ses visiteurs, le Docteur Spiker, directeur de la Bibliothèque royale de Berlin, à la fin août : « Il était exceptionnellement gai, il éclatait de rire aux bons mots, avec la bonne humeur d'un homme sans malice, et qui se fie à tout le monde. Jamais on ne l'aurait pu attendre de lui, que la renommée générale dépeint comme sombre et farouche... Son visage était jovial... Il manifestait une extraordinaire vitalité... L'éclat de son regard avait quelque chose d'extraordinairement vivant, et la vivacité de toute sa personne ne pouvait faire penser que sa fin fût si proche. »

Dernières notes

Le 28 septembre, Beethoven partit chez son frère Johann à Gneixendorff où il acheva le *Seizième quatuor* et écrivit le nouveau *finale* du *Treizième quatuor*. Du même été date un *Andante maestoso*, terminé en février 1827, qui devait trouver place dans un *Quintette* resté inachevé.

« LA RÉSOLUTION DIFFICILEMENT PRISE »

Le *finale* a pour titre *« Der schwer gefasste Entschluss »* (la résolution difficilement prise) avec deux citations musicales, l'une, *Grave*, de trois notes : *« Muss es sein ? »* (Le faut-il ?) ; l'autre, *Allegro*, de deux groupes de trois notes : *« Es muss sein, es muss sein »* (Il le faut, il le faut).

Ces mentions inhabituelles chez Beethoven ont fait couler beaucoup d'encre. Voici l'hypothèse la plus probable, telle que la rapporte Romain Rolland : « On ne peut nier que, sinon la question mystérieuse, du moins la réponse : *Es muss sein !* n'ait préexisté au quatuor — s'il faut en croire (et je ne vois aucun moyen d'en douter) le récit qu'en a fait Holz. Mais elle n'avait alors rien de pathétique : c'était une saillie d'humour burlesque. Dans les *Cahiers de conversation*, Holz, rendant compte de la première exécution du *Quatuor en si bémol*, dont les recettes avaient déçu l'attente de Beethoven, parlait d'un riche Viennois, Dembscher, qui ne s'était pas donné la peine de se déranger, ni d'envoyer le prix de sa place, et qui affirmait avec désinvolture qu'il se ferait jouer le quatuor chez lui, quand il voudrait ; il se faisait fort d'en obtenir le manuscrit de Beethoven. Beethoven s'emporta contre le pingre et son sans-gêne. Il répondit par un billet, confié à Holz, qu'il ne prêterait le manuscrit qu'après que Dembscher aurait déboursé 50 florins, en dédommagement de la place de concert qu'il n'avait pas payée. Holz écrit, dans le *Cahier de conversation* (c'est en juillet, Beethoven commençait son dernier quatuor) : « Le Dembscher a lu le billet, il a demandé, suffoqué : *Ob es sein muss ?* (s'il le faut) ». Beethoven rit très fort, et il crie : « *Es muss sein ! Es muss sein !* ». Il l'écrit, en un canon musical à quatre parties, dont le fac-similé a été conservé chez Holz : « *Il le faut ! Sors ta bourse...* »

L'avare et le musicien

« Sors ta bourse »

« Est-ce à dire qu'il y ait le moindre rapport entre l'occasion bouffonne qui a dicté cette phrase et le sens qu'elle prend dans le quatuor ? En aucune façon... Hændel et Beethoven ont constamment lu et relu, dans les thèmes qu'ils avaient trouvés, des significations qui leur avaient d'abord échappé. Et, le plus souvent, c'était la dernière, non la première, qui était la vraie. L'anecdote prouve simplement que la phrase musicale, issue d'une boutade, a plu à Beethoven, en quête de motifs pour son quatuor, et qu'il l'a jugée de bonne prise. Nous en pourrions déduire, tout au plus, que, dans le travail de ce quatuor, infiniment plus simple et plus réduit que les précédents, son inspiration n'était plus aussi nombreuse qu'aux mois d'abondance où il écrivait, avec le *Quatuor en si bémol*, les esquisses de vingt autres œuvres. Il faisait flèche de tout bois. » (R. Rolland.)

L'ŒUVRE

1er mouvement : Allegretto.

Une histoire

Le premier sujet est fait d'une suite de courts motifs enchaînés qui semblent paisiblement raconter une histoire. Il débute à l'alto par une interjection en petites notes, suivie d'un soupir malicieux : « Ah ! si vous saviez », par deux fois.

Puis l'histoire se met en marche, sur un motif décidé de quatre notes

qui se poursuit en dialogue aux autres instruments sur les *pizzicati* du violoncelle. Un moment, on réfléchit en silence sur une lente figure en noires à l'unisson ; un trait en triolets du violon ramène un concert de soupirs, puis le violon se décide et chante à son tour une belle histoire, un peu hésitante, en duo avec le second violon : c'est la transition qui conduit à un second thème, plein d'énergie, en larges arpèges ascendants

jouant avec de longues guirlandes d'arpèges, puis des murmures harmonieux en triolets. Une ritournelle ramène le motif de quatre notes qui semble vouloir poursuivre son « histoire »...

Mais le développement s'ouvre en réalité avec la lente figure en noires à l'unisson, en imitations au violoncelle, au violon, à l'alto, au milieu de laquelle flottent le soupir malicieux du début et quelques guirlandes en triolets du second thème. Ce joli contrepoint de motifs ne satisfait pas l'assistance et tous en chœur clament à l'unisson le motif de marche : « En avant » ; alors on repart, alto en tête, suivi de ses compagnons, sur des *pizzicati* de violoncelle. Faux départ : le violon prend la tête ; sans plus de succès. On hésite. Le violon se décide et lance un trait ingénu en triolets à la manière de Haydn, repris en un aimable *fugato* par le second violon, tandis qu'aux autres instruments danse l'interjection initiale en petites notes. Les triolets finissent par remplir tout le quatuor, montent *crescendo* et débouchent sur le motif initial, chanté à toute volée, en imitations, à l'alto et au premier violon.

C'est la réexposition. La chanson se remet en marche, mais alors survient un curieux incident de route : à la place de la lente figure en noires à l'unisson (période de réflexion), dont il dérive, s'installe un inquiétant dessin de croches

Le Sphinx !

qui à la fin se dévoile : c'est le monstre, le Sphinx du *Quinzième quatuor* ! Vient-il réclamer sa proie ? Un peu inquiet, le soupir malicieux du début lui fait comprendre que sa place n'est pas là et le sphinx disparaît. La réexposition alors se déroule sans encombre.

Éclats de rire

Une fois celle-ci terminée, le Sphinx reparaît et livre combat au motif initial (que vient aider un peu plus tard la guirlande en triolets du second thème) en un contrepoint âpre et désolé digne du *Quinzième quatuor*. Mais bientôt une descente en arpèges de l'interjection en petites notes, comme une suite d'éclats de rire, prouve que le monstre a été mis en fuite et le mouvement s'achève aimablement avec la ritournelle qui terminait l'exposition, le soupir initial tout à fait triomphant et le « début de l'histoire » sur le motif décidé de quatre notes, tout attendri.

2e *mouvement : Vivace.*

— Ce *vivace*, qui tient lieu de *scherzo*, est caractéristique de la dernière manière de Beethoven et il s'apparente aux *trios* des *Quatuors n° 12* et *n° 15*, ainsi qu'au *presto* du *Quatorzième* ; ce sont tous d'étonnantes féeries, plus ou moins pastorales, qui nous emmènent dans un autre monde plein de lumière.

Branle

Dès le début on est pris par ce mouvement d'une grande vigueur rythmique et même polyrythmique, d'une force si bienfaisante. Le *Vivace* est construit sur deux éléments superposés : un branle magnifique où sonnent les cloches alternées du violon et de l'alto

sur les syncopes en notes répétées du second violon, tandis qu'au violoncelle un motif de carillon en notes piquées monte et descend en sens contraire du branle.

Après « une rauque sonnerie de cor dans le lointain » (R. Rolland) qui va s'atténuant

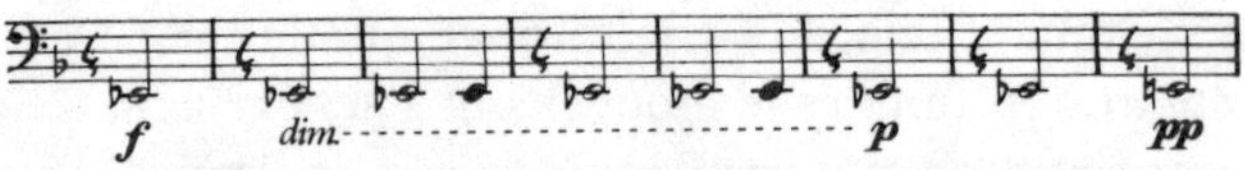

le même jeu reprend, branle aux violons, carillon à l'alto, puis, la fois suivante, carillon aux deux violons à l'octave, branle aux basses. Le seul motif de carillon se développe ensuite *pianissimo* en un délicieux contrepoint, où les instruments se répondent deux à deux. Nouvelle « sonnerie de cor » amenant la reprise du second épisode.

Alors vient une deuxième partie qui fait office de *trio*, bien qu'elle garde le même mouvement et le même caractère que la première. C'est une course merveilleuse lancée par une courte formule tournoyante en croches d'où s'échappent de longues gammes montantes en notes piquées (sur les notes répétées des autres instruments) avec une conclusion exquise comme une brève ritournelle pastorale.

L'intensité du mouvement est avivée par un passage où la formule tournoyante est répétée *crescendo* plusieurs fois (basses d'un côté, violon de l'autre), avec une brève chanson terminale. La course reprend de plus belle, plus lumineuse, plus enivrante que jamais, menée presque exclusivement par le violon.

Ivresse dionysiaque

Et l'on atteint au paroxysme, à une ivresse dionysiaque, lorsque, sur la formule tournoyante grondant furieusement à l'unisson des second violon, alto et violoncelle, le violon chante frénétiquement dans l'aigu la ritournelle pastorale, comme une ronde exultante, quarante-sept mesures durant... Très progressivement le ton s'apaise jusqu'à un *pianissimo* à peine perceptible ; peu à peu le roulement des cloches se fait entendre, le branle reparaît. C'est la reprise intégrale et inchangée du *vivace* dont la conclusion se perd sur quelques accords légèrement heurtés.

3e mouvement : Lento assai, cantante e tranquillo.

Chant de paix

L'indication « tranquillo » vient rejoindre une note sur l'esquisse : « Doux chant de repos ou chant de paix ». Pourtant il ne s'agit pas là d'une page sereine et sans ombres (il en est assez peu d'ailleurs chez Beethoven, sinon associées à la contemplation de la nature). Ce chant recueilli, très simple, montant et descendant au violon lentement

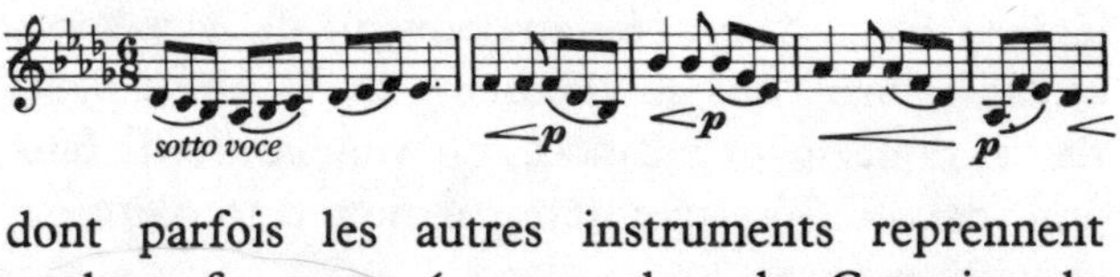

dont parfois les autres instruments reprennent quelque fragment (comme dans la *Cavatine* du *Treizième quatuor*), n'atteint à la paix qu'en surmontant un accablement, dont la seconde partie *(più lento)* nous apporte l'écho : après que le chant initial, en effet, s'est déployé comme à regret, laissant échapper quelques accents poignants, entre une mélodie ou plutôt des lambeaux de mélodie entrecoupés de silences

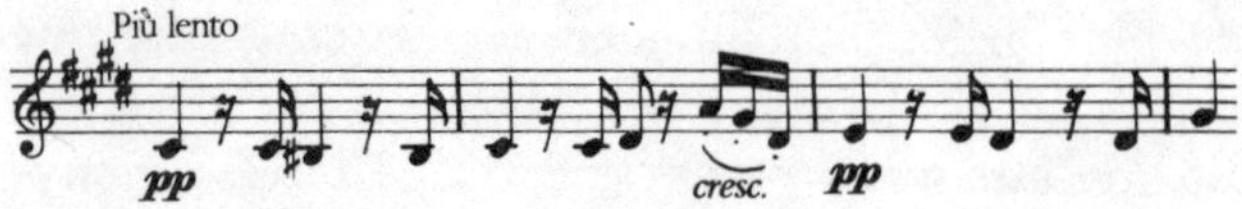

moins oppressés et dramatiques certes que dans la partie centrale de la *Cavatine*, mais qui n'en témoignent pas moins d'un ébranlement profond, d'une douleur maîtrisée dont l'acuité ne s'exprime qu'en un unique *sforzando*.

Le chant de paix revient, aussi sobre que la première fois, mais dans une admirable polyphonie, où le violoncelle et le violon méditent en duo (en canon, à une mesure d'intervalle, superposant ainsi les divers éléments de la mélodie par mouvements contraires), avec des figurations dérivées aux instruments intermédiaires. Mais la fin du mouvement, qui varie la seconde partie du chant initial, est plus belle encore ; la plainte pleine de réserve, à demi étouffée, devient comme une sorte de colloque mystique où les accents poignants ne sont plus que de tendres soupirs suspendus au violon

qui parfois s'élèvent en action de grâces, soupirs légèrement entrecoupés, en souvenir de la mélodie centrale, mais qui se reposent sur la basse pacifiante, doucement balancée, du violoncelle. Il faudrait détailler presque note par note cette dernière et sublime page...

4e mouvement : Grave ma non troppo tratto — Allegro.

— C'est « la résolution difficilement prise ». Voici donc Beethoven en présence de ces deux motifs opposés que lui a suggérés la bonne farce faite à Dembscher. Peut-être n'a-t-il pas d'autre idée pour ce *finale* qu'il veut écrire rapidement ; mais sans doute aussi ce joyeux canon sur *Muss es sein ? — Es muss sein*, esquissé devant Holz, lui a-t-il rappelé maints combats disputés au cours de sa vie (nous y avons fait directement allusion à propos du *Neuvième quatuor* op. 59 n° 3). Il va donc une nouvelle fois traiter le vieux problème.

« La résolution difficilement prise »

La question et sa réponse sont des motifs de trois notes, dont le second est à peu près le renversement du premier.

L'introduction, *grave*, propose la question aux basses, *piano*, par deux fois, entremêlée de lentes phrases en imitations des violons et de l'alto, qui se muent vite en de douloureuses plaintes de trois notes répétées, *forte*, amenant la question à son paroxysme par trois fois. Puis les plaintes retombent.

Alors jaillit vivement, allégrement, la réponse : « *Il le faut !* », accompagnée d'un vibrant contrepoint en notes piquées montant des basses. Mais tout de suite vient un second élément très doux, pacifiant

« Il le faut »

murmuré en imitations par le violon et l'alto, au

milieu duquel par deux fois la réponse « *Es muss sein* » fait saillie ; la seconde fois elle montre vigoureusement sa présence en assénant de violentes affirmations qui tranchent sur des silences ; il semble qu'on va bravement se mettre en marche. Mais le second élément très doux revient et sert de transition vers le second thème (auquel il prêtera un lumineux accompagnement en accords arpégés) : c'est un thème très tendre et paisible où je ne peux m'empêcher d'entendre comme un écho de l'*Hymne à la Joie*.

Il semble que devant cet éternel déchaînement des forces volontaires, le poète dise à nouveau : « Laissez-nous donc chanter le lied de l'immortel Schiller. » Mais la réponse ne veut rien entendre : « *Il le faut ! Il le faut, il le faut, il le faut...* » répète-t-elle sans trêve. Et du coup l'on reprend tout l'*Allegro* précédent.

A l'entrée du développement, la réponse nous rebat encore les oreilles et elle ne va cesser de gronder, tandis que le second élément très doux se développe en larges imitations ; il faut le retour du lumineux second thème pour la faire taire un moment, mais le petit « Hymne à la Joie » disparaît dans la brume et les belles imitations reprennent leur murmure, de plus en plus sombres et inquiètes (avec des frissonnements de trilles), pleines de pressentiment.

Question inexorable...

Voici en effet que sur de terribles trémolos des violons reparaît la question : « *Le faut-il ?* » dans toute son acuité, comme un très grave problème auquel on n'a pas encore répondu. Six fois les trémolos s'apaisent et reprennent derechef *fortissimo* avec la question inexorable. En un dialogue solennel s'opposent question (en imitations au violoncelle et à l'alto) et réponse (à l'unisson des violons) brochant sur les trémolos.

Beethoven en a assez

Mais à la fin Beethoven en a assez et il envoie promener cet éternel débat. C'est la réexposition, mais la réponse, « *Il le faut* », n'a plus l'accent têtu, insistant de tout à l'heure, elle chante maintenant, légère, comme une ronde joyeuse et insouciante. Le second élément rentre très détendu, se développe et module avec une grâce exquise, puis ramène le second thème chanté par le violoncelle dans l'aigu, puis par le violon, tandis que la conclusion par la réponse « *Il le faut* » est tout à fait enjouée.

« Le lied de l'immortel Schiller »

Au début de la *coda* pourtant, en dures harmonies, ne semble-t-elle pas vouloir rouvrir le débat ? Mais bien vite, le second thème en *pizzicati* l'écarte, redisant doucement : « Laissez-nous chanter le lied de l'immortel Schiller » et dans les dernières mesures, la réponse s'associe à sa joie.

CONCLUSION

Une grande lassitude

Nous sommes loin dans le *Seizième quatuor* de cette sérénité philosophique, de cette maîtrise universelle à laquelle Beethoven a cru atteindre dans le *Quatorzième*. Sa dernière œuvre paraît empreinte d'une grande lassitude, surtout dans les troisième et quatrième mouvements. Il semble difficile de ne pas y voir le contrecoup du suicide manqué de Karl, qui consacre dans sa vie affective une rupture tragique et définitive. Si tout de suite après il réagit avec force et ne se laisse pas abattre par ce coup du sort (dont il doit bien s'avouer, en son for intérieur, qu'il est en partie responsable), la tristesse vient ensuite et le découragement.

Dans l'*allegro*, écrit avant la catastrophe (de

même que le *vivace*, probablement), il fait du « travail de quatuor », revient aux sources classiques et il n'a pas de peine à mettre en fuite le pâle visage de la Mélancolie ; le *vivace* appartient à un climat de force et de lumière qui correspond à celui du *Quatorzième quatuor*. Mais dans le *finale* (composé plus tard, sans doute en août, après la crise), commencé comme une bouffonnerie, il reconnaît l'ombre grandissante de ces questions qui l'ont obsédé toute sa vie, et ces questions cent fois traitées lui rebattent les oreilles ; il laisse les adversaires en présence et se dérobe : « Laissez-nous chanter le lied de l'immortel Schiller. » En quelques semaines, Beethoven a vieilli de dix ans ; il n'aspire plus qu'à la paix, comme en témoigne le *lento* : « Doux chant de repos ou chant de paix », l'image même de cette lassitude, dont cependant peu à peu il se dégage doucement pour accéder au

Vers le repos

repos. Page bouleversante, la dernière où s'exprime Beethoven, si l'on considère que le *finale* du *Treizième quatuor* op.130, écrit ensuite, devait être avant tout un « rondo » (encore que l'admirable second thème, d'un grand lyrisme heureux et calme, puisse répondre à notre « Hymne à la Joie » du *Seizième quatuor*).

« La cathédrale interrompue »

Cinq mois après l'achèvement du *Seizième quatuor*, Beethoven mourait au Schwarzspanierhaus, laissant son œuvre inachevée. Il semble bien, comme le note Romain Rolland, qu'il n'eût pas écrit à ce moment-là de nouveaux quatuors, les proportions réduites du dernier l'indiquent assez. Il allait entrer dans une nouvelle période de grandes œuvres orchestrales et chorales. Dans sa dernière lettre, dictée pour Moscheles le 18 mars 1827, il disait : *« Toute une symphonie esquissée est dans mon pupitre ainsi qu'une nouvelle ouverture* (sur le nom de Bach) *et aussi autre chose... Quand Dieu m'aura rendu la santé, je m'efforcerai de réaliser par des œuvres mes sentiments de reconnaissance*[1] *et... je m'en remets au choix de la Société pour composer ce qu'elle voudra. »*

« Toute une symphonie esquissée... »

On se souvient que Beethoven avait ébauché la *Dixième symphonie* en même temps que le *Quatorzième quatuor* ; il en avait même tracé le plan devant ses amis, ainsi que celui d'un *Requiem* auquel il tenait beaucoup. Il songeait en même temps à écrire des oratorios à l'exemple de Hændel, pour lequel dans les dernières années il montrait une admiration de plus en plus grande *(Saül et David, Les Éléments)* ; il avait encore esquissé deux *Messes*. Mais, couronnant le tout, il y avait le grand désir d'écrire un *Faust*, qui domine toutes les dernières années. Dans un cahier de conversation de 1823, il notait : *« Je n'écris pas seulement ce que j'aimerais le mieux, mais ce dont j'ai besoin à cause de l'argent. Cela ne veut pas dire que j'écrive seulement pour l'argent. Quand cette période sera passée, j'espère enfin écrire ce qui, pour moi et pour l'art, est le plus haut : Faust. »* Et c'est encore de *Faust* qu'il parlait à Gerhard von Breuning (ainsi que de la *Dixième symphonie* et du *Requiem*) quelques jours avant sa mort.

Faust

Tels étaient le 26 mars 1827, les plans de « la cathédrale interrompue ».

1. Envers la Société Philharmonique de Londres qui venait de lui envoyer 1 000 florins or.

Bibliographie sommaire

Romain ROLLAND : *Les Derniers Quatuors.* (Le Sablier, 1943 ; repris dans *Beethoven. Les grandes époques créatrices*, édition définitive ; Ed. Albin-Michel, 1966.)

Joseph de MARLIAVE : *Les Quatuors de Beethoven.* (Alcan, 1925 ; réédition Julliard, 1960.)

Vincent d'INDY : *Cours de composition musicale* (IIe livre, 2e partie) rédigé par Auguste Sérieyx. (Éd. Durand, 1933.)

Vincent d'INDY : *Analyse des 17 Quatuors de Beethoven*, texte recueilli et rédigé par P. Coindreau. (Schola Cantorum, 1909.)

Jean et Brigitte MASSIN : *Ludwig van Beethoven.* (Club Français du Livre, 1955 ; nouvelle édition, Fayard, 1967.)

Joseph KERMAN : *Les Quatuors de Beethoven.* (1966, traduction française par Marcel Marnat, Éd. du Seuil, 1974.)

Note discographique

La discographie des quatuors de Beethoven a toujours été de haute qualité et elle est en perpétuelle évolution. La concurrence a pris une particulière âpreté avec la naissance du disque compact. Dans cette nouvelle catégorie, il n'existe à peu près aucune version médiocre. En mars 1987, la situation se présente ainsi.

En microsillon, la discographie a été très longtemps dominée par le Quatuor Vegh (1973-1974), dont l'intégrale est toujours au catalogue Astrée-Auvidis. Une réédition en compact vient de commencer (*13e Quatuor* et *Grande fugue*). Interprétation d'une grandeur expressive et d'une intensité incomparables.

De l'étincelante intégrale du Nuovo Quartetto Italiano ne subsistent malheureusement que les derniers quatuors (Philips), qui révèlent une élégance, une sensualité et une intuition exceptionnelles.

On trouve encore en microsillon quelques disques admirables réalisés en mono (1935-1937) par le Quatuor Busch (EMI Da Capo), une référence s'il en fût.

La superbe version, haute virtuosité et expressionnisme farouche, du Quatuor Alban-Berg (1978-1981) a été la première à paraître en compact (EMI). Elle est aujourd'hui concurrencée en particulier par celles du Qutuor Melos (DG), profondément lyrique, du Quatuor Talich (Calliope, également en microsillon), surtout pour les derniers quatuors, et du Quatuor Smetana (Supraphon), en cours de publication.

TABLE DES MATIÈRES

Avertissement 7
Le quatuor à cordes avant et après Beethoven 9

LES SIX PREMIERS QUATUORS À CORDES op. 18

Introduction 13
Premier quatuor en fa majeur op. 18 n° 1 16
Deuxième quatuor en sol majeur op. 18 n° 2 21
Troisième quatuor en ré majeur op. 18 n° 3 24
Quatrième quatuor en ut mineur op. 18 n° 4 28
Cinquième quatuor en la majeur op. 18 n° 5 33
Sixième quatuor en si bémol op. 18 n° 6 37
Conclusion 42

LES QUATUORS DE LA MATURITÉ

Introduction 45
Septième quatuor en fa majeur op. 59 n° 1 48
Huitième quatuor en mi mineur op. 59 n° 2 62
Neuvième quatuor en ut majeur op. 59 n° 3 71
Dixième quatuor en mi bémol op. 74 80
Onzième quatuor en fa mineur op. 95 89
Conclusion 97

LES DERNIERS QUATUORS

Introduction. 101
Douzième quatuor en mi bémol op. 127 103
Quinzième quatuor en la mineur op. 132 115
Treizième quatuor en si bémol op. 130 130
Grande fugue en si bémol, « Dix-septième quatuor » op. 133. . 146
Quatorzième quatuor en ut dièse mineur op. 131. 157
Seizième quatuor en fa majeur op. 135 178
« La cathédrale interrompue » 190

Composition réalisée par C.M.L., Montrouge.

Aubin Imprimeur
LIGUGÉ, POITIERS

35-56-7739-01
ISBN 2-213-01967-3

Achevé d'imprimer en mars 1987
N° d'édition 4435 / N° d'impression L 23027
Dépôt légal, avril 1987

Imprimé en France

35-7739-2